utb 5968

Eine Arbeitsgemeinschaft der Verlage

Brill | Schöningh – Fink · Paderborn
Brill | Vandenhoeck & Ruprecht · Göttingen – Böhlau · Wien · Köln
Verlag Barbara Budrich · Opladen · Toronto
facultas · Wien
Haupt Verlag · Bern
Verlag Julius Klinkhardt · Bad Heilbrunn
Mohr Siebeck · Tübingen
Narr Francke Attempto Verlag – expert verlag · Tübingen
Psychiatrie Verlag · Köln
Ernst Reinhardt Verlag · München
transcript Verlag · Bielefeld
Verlag Eugen Ulmer · Stuttgart
UVK Verlag · München
Waxmann · Münster · New York
wbv Publikation · Bielefeld
Wochenschau Verlag · Frankfurt am Main

Soziologie im 21. Jahrhundert

herausgegeben von Oliver Dimbath und Michael Heinlein

Weitere Bände der Reihe:

utb 4652 C. Ruiner / M. Wilkesmann:
Arbeits- und Industriesoziologie

utb 5013 P. Heiser:
Religionssoziologie

utb 5110 M. Keuschnigg / T. Wolbring:
Wirtschaftssoziologie: Städte, Märkte, Netzwerke

utb 5571 I. Schminke:
Körpersoziologie

Sandro Corrieri

Kriminalsoziologie

BRILL | FINK

Der Autor:
Sandro Corrieri ist akademischer Rat am Institut für Soziologie der Universität Koblenz. Nach dem Studium der Soziologie, Ethnologie und Rechtswissenschaften promovierte er am Institut für Sozialmedizin, Arbeitsmedizin und Public Health der Universität Leipzig zur psychischen Gesundheit im schulischen Umfeld. Von 2014–2018 war er wissenschaftlicher Mitarbeiter im Prorektorat für Entwicklung und Transfer der Universität Leipzig. Seine Forschungsschwerpunkte sind soziale Ungleichheit, Radikalisierung, Strafvollzug, Sicherheitsforschung, Organisationssoziologie sowie qualitative Methoden der Sozialforschung.

Umschlagabbildung: siegel konzeption | gestaltung

Online-Angebote oder elektronische Ausgaben sind erhältlich unter www.utb.de

Bibliografische Information der Deutschen Nationalbibliothek
Die Deutsche Nationalbibliothek verzeichnet diese Publikation in der Deutschen Nationalbibliografie; detaillierte bibliografische Daten sind im Internet über https://www.dnb.de abrufbar.

Internet: www.fink.de

Printed in Germany.
Herstellung: Brill Deutschland GmbH, Paderborn
Einbandgestaltung: siegel konzeption | gestaltung

UTB-Band-Nr: 5968
ISBN 978-3-8252-5968-6
eISBN 978-3-8385-5968-1

Inhalt

1. Einleitung: Kriminalsoziologie im 21. Jahrhundert

Jeden Tag treffen Menschen[1] auf Situationen, die ihnen Entscheidungen abverlangen. Dies gilt umso mehr für das Zusammenleben in einer modernen, globalisierten Gesellschaft des 21. Jahrhunderts. Damit wir die Erwartungen der anderen Mitglieder unserer sozialen Gruppen an uns abschätzen und diesen bestmöglich entsprechen können, umgibt uns ein komplexes Netz aus Regeln, das unsere Handlungen anleiten soll. Es soll uns größtmögliche Freiheit ermöglichen und zugleich jene der anderen schützen, indem es Fehlverhalten sanktioniert. Einerseits beruhen diese Grundlagen auf wertbezogenen Vorstellungen, die sich „aus einem universellen und auf jeden Fall übergesellschaftlichen Vernunftprinzip ableiten" (Dimbath 2013: 212): „Werte sind die ethischen Imperative, die das Handeln der Menschen leiten; sie sind der Ausdruck dafür, welchen Sinn und Zweck Einzelne und Gruppen mit ihrem Handeln verbinden" (Korte/Schäfers 2016: 39–40). Andere Perspektiven sehen die Entstehung der Verhaltenserwartungen hingegen eher darin verortet, dass sich Mitglieder einer Gruppe auf Regeln des Miteinanders einigen, die ihnen rational Nutzen bringen, oder dass Herrschende ihre Machtstrukturen durch die Durchsetzung ihrer Regeln stabilisieren (Hillmann 2007: 630). Dieser individualistische Standpunkt nimmt also Bezug auf die soziale Umwelt und beschreibt den Prozess, in dem die Regeln des Miteinanders im Prozess der Sozialisation durch verschiedene Instanzen an das Individuum herangetragen werden (siehe Kapitel 3). Dabei verinnerlicht jedes Mitglied einer Gesellschaft Vorstellungen von richtigem Handeln in bestimmten Situationen (Haferkamp 1980), die auf gemeinsamen Wertvorstellungen basieren und ein bestimmtes Verhalten erwartbar machen.

Normen

Der Begriff der Norm ist eng mit jenem des Wertes verbunden. Beide befassen sich mit Orientierungen von Individuen, an denen sie ihr Leben und ihre Vorstellungen dessen, wie Zusammenleben zu gestalten sei, ausrichten. Während sich ein Wert jedoch um eine in Moral und Ethik verhaftete, grundsätzliche Erwartung dreht, konkretisiert die Norm diese in Regeln mit Geltungs- und Wirkungsgrad,

1 In meinen Ausführungen nutze ich die verallgemeinernde generische maskuline Form, sofern ich mich nicht explizit auf geschlechtsspezifische Aspekte beziehe.

auf deren Nichteinhaltung eine Sanktion erfolgen kann. „Normen sind danach Regeln für bewusstes Handeln, Vorschriften für Verhalten, Verhaltenserwartungen oder gar Verhaltensanforderungen" (Lamnek 2018: 20–21). Durch die Erwartbarkeit von bestimmten Verhalten erleichtern Normen das Zusammenleben von Individuen, schränken jedoch zugleich die Freiheit ein, in bestimmten Situation nach freiem Willen zu agieren (Dimbath 2016: 212). Somit dienen Normen der „Balance zwischen der Freiheit des Einzelnen und der überlebensnotwendigen Integration in die Gemeinschaft" (Bannenberg/Rössner 2005: 18). Ihre Sanktionierung markiert Abweichung und verdeutlicht, welches Verhalten nicht erwünscht ist.

Dabei lassen sich zwei Formen der Entstehung von Normen unterscheiden. Während die statistische Norm das häufigste Verhalten als Maßstab anlegt und auf Gleichförmigkeit beruht, entwickeln sich andere Normen aus sozialisatorischen Prozessen: Das Individuum internalisiert von den Instanzen seines sozialen Umfelds, welches Verhalten als erwünscht beziehungsweise unerwünscht gilt und erfährt entsprechende Sanktionen (Dimbath 2016: 213–214). Inwiefern das tatsächliche Verhalten und die normativen Vorstellungen übereinstimmen, hängt ab „a) von der Internalisierung der Normen durch die Inhaber sozialer Rollen, b) vom Grad der Legitimität der Normen, c) von der Härte und Wirksamkeit der hinter den Normen [...] stehenden Sanktionen, d) von der Funktionalität der Normen für die Verhaltensziele der Handelnden, e) vom Ergebnis der (in der Regel nicht eindeutigen) Normen-Interpretation durch die Beteiligten und f) vom Grad der inneren Stimmigkeiten des Normsystems als Voraussetzung für die Vermeidung von Normkonflikten" (Hillmann 2007: 629).

Dabei existieren unterschiedliche Verbindlichkeiten, mit denen die Befolgung von Normen eingefordert wird. *Kann*-Normen finden sich in allgemein gelebten Verhaltensformen, Bräuchen, deren Nicht-Einhaltung in der Regel keine oder milde negative Sanktionen hervorruft. Ein Beispiel wäre das Aufstellen eines Weihnachtsbaums in der Wohnung. *Soll*-Normen steigern als Sitten die Verbindlichkeit, indem sie ein bestimmtes Interaktionsverhalten bei Nicht-Einhaltung, meist informell, sanktionieren. Ein Beispiel wäre die Nutzung von Besteck im Restaurant. *Muss*-Normen hingegen finden sich verschriftlicht als Gesetze, beispielsweise im StGB wieder und führen bei Nicht-Einhaltung, zum Beispiel durch das Begehen einer Straftat, zu gravierenden negativen Konsequenzen, auch durch formelle Instanzen sozialer Kontrolle (Hillmann 2007: 629).

Dieses Schema wurde von Lamnek weiter ausdifferenziert. Er unterscheidet in einen Geltungsgrad, „das Ausmaß, in dem die Normsetzer selbst davon überzeugt sind, dass die von ihnen aufgestellte Norm als Verhaltensforderung sinnvoll, notwendig und durchzusetzen ist" und den Wirkungsgrad, „das Ausmaß, in dem die Normadressaten sich in ihrem Verhalten an die Norm halten" (Lamnek 2018: 22). Ergänzt durch die Sanktionsbereitschaft, die mit einer bestimmten Schwere der Sanktion und einer Wahrscheinlichkeit der Durchführung verbunden sein muss, ergibt sich eine Darstellung wie in Abbildung 1:

	Geltungsgrad	Wirkungsgrad	Sanktionsbereitschaft	Norm
1	+	+	+	Idealnorm
2	+	+	–	Selbstverständlichkeitsnorm
3	+	–	+	Zwangsnorm
4	–	+	+	informelle Norm
5	+	–	–	Pseudonorm
6	–	+	–	Residualnorm
7	–	–	+	Formalnorm
8	–	–	–	Exnorm

+ = hoher Grad; – = geringer Grad

Abb. 1: Klassifikation von Normen in Matrixform (Lamnek 2018: 25)

In dieser Klassifikation bildet sich ab, dass Normen einem Wandel unterliegen, so dass beispielsweise eine Idealnorm zu einer Zwangsnorm werden kann, wenn die gesellschaftliche Einsicht in die Verhaltenserwartung schwindet.

Schließlich soll festgehalten werden, dass es in den meisten Normen einen Toleranzbereich der Einhaltung gibt, einen Spielraum der Duldung, ohne dass Sanktionen obligatorisch greifen und somit gesellschaftlicher Wandel ermöglicht wird. Hierzu gehört gleichsam die Tatsache, dass nicht jeder Normverstoß verfolgt werden kann. Zum einen aufgrund der mangelnden Sichtbarkeit von Verhalten (siehe Dunkelfeld, Kapitel 4.1), zum anderen würde die Offenbarung massenhafter Nicht-Einhaltung deren Legitimität in Frage stellen (Lamnek 2018: 27–28).

Ein Individuum unterliegt in seinem Handeln verschiedenen Einflussfaktoren, die eng miteinander verbunden und daher nur analytisch voneinander zu trennen sind. Diese können nach Lamnek in „die Motivation, die Situation und die Verhaltenserwartungen potenzieller oder tatsächlicher Interaktionspartner“ (Lamnek 2018: 16) differenziert werden, nach Parsons in „das personale System, das auf den Bedürfnissen und Motiven der Handelnden aufbaut und um diese organisiert ist; das soziale System, konstituiert durch Interaktionen; das kulturelle System als Bereich normativer und kognitiver Bedürfnisse und Symbole“ (Parsons 1968: 52ff; aus Lamnek 2018: 16).

Entscheidet sich eine Person also für eine Handlung, die nicht dem Normkonsens entspricht, wird dieses Verhalten je nach Schwere durch Instanzen sozialer Kontrolle als abweichend beurteilt und sanktioniert. Dies geschieht, um die Gültigkeit der Norm zu sichern und eine präventiv wirksame Abschreckung zu erreichen. Diese Instanzen können sowohl formeller Art (zum Beispiel die Polizei) als auch informeller Art (zum Beispiel die Nachbarschaft) sein. Ziel es zum einen, das erwünschte Verhalten anhand der Sanktionen zu verdeutlichen, zum anderen, das abweichende Verhalten zu sanktionieren und eine Wiederholung mit Kosten zu verbinden, die künftig andere Handlungsweisen hervorrufen (siehe Kapitel 4). Doch wie wird abweichendes Verhalten oder Devianz soziologisch definiert? Es handelt sich um „Verhalten von Personen, das nicht den für Interaktions-Beziehungen in einer Gesellschaft oder in einer ihrer Teilstrukturen (Lebensbereiche, Organisationen, Institutionen) geltenden Normen, Vorschriften oder Verhaltenserwartungen entspricht“ (Hillmann 2007: 4). Obgleich Devianz, also Verstöße gegen Normen auch aus Unkenntnis des vorherrschenden Normsystems resultieren kann, sind sich entsprechend handelnde Personen oftmals ihrer Abweichung bewusst. Abweichendes Verhalten „muss demnach aus dem Spannungsverhältnis zwischen der als legitim geltenden sozialen Ordnung einerseits und der Motivationsstruktur und dem tatsächlichen Handeln der sich abweichend verhaltenden Person andererseits beurteilt werden“ (Hillmann 2007: 4).

Dollinger und Raithel unterscheiden vier idealtypische Erscheinungsformen von abweichendem Verhalten (siehe Abbildung 2). Die *konventionelle Devianz* ist der Normkonformität am nächsten und markiert Abweichungen, die im Regelfall keine negativen Sanktionen hervorrufen, sondern eher „Flexibilität und Innovationsfunktionen symbolisieren können (z.B. bunte Haare)“. Diese treten häufig in der Jugendphase auf, in der die Grenzen von Normen kennengelernt und ausgereizt werden. Gleiches gilt für die *provozierende Devianz*, die jedoch gegen Normen mit einem deutlich höheren Wirkungsgrad verstößt und daher in der Regel informell negativ spürbar sanktioniert wird. Das genannte Beispiel ist ein ausbleibender Gruß. Die *problematische Devianz* ist die gravierendste Form der Abweichung, die noch informell sanktioniert wird. Sie beschreibt nicht tolerable Verhaltensweisen und es gibt „spezielle Maßnahmen, um gegen sie vorzugehen, sie zu regulieren oder zu beheben (z.B. der Konsum »harter« Drogen)“. Als schwerste Form der Devianz wird die *Kriminalität* genannt. Sie zeichnet sich dadurch aus, dass sie objektiv gegen verschriftlichte, institutionalisierte Rechtsnormen verstößt und somit formellen Sanktionen unterliegt (Dollinger/Raithel 2006: 13).

Dabei können verschiedene Normsysteme in einer Gesellschaft existieren, an welchen sich Individuen orientieren können (siehe Kapitel 2). Dementsprechend gilt: „Gleiches Verhalten kann sowohl normkonform als auch normabweichend sein! Dieser Satz gilt inter- und intrakulturell!“ (Lamnek 2018: 19). In Bezug auf dieses Buch steht dabei die vierte Form der Devianz im Fokus: Kriminalität oder

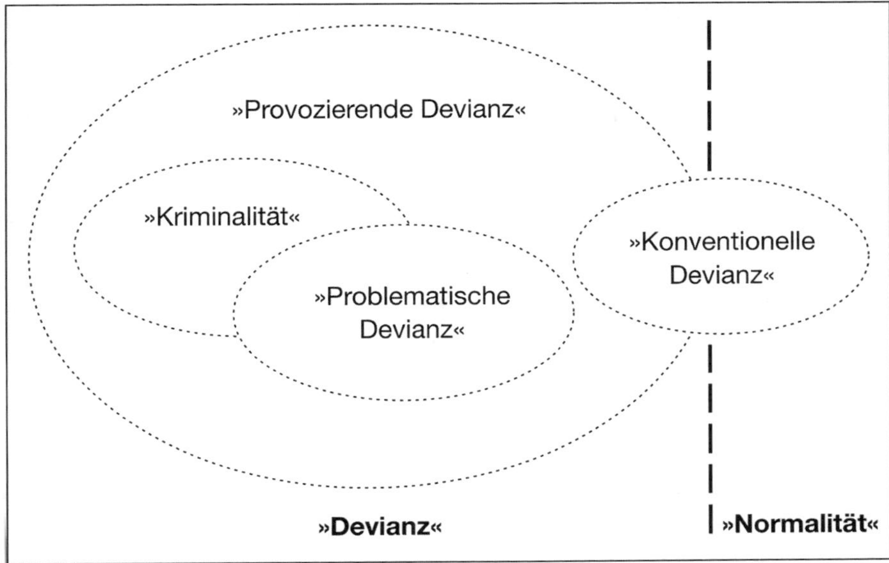

Abb. 2: Devianzarten und -felder (Dollinger/Raithel 2006: 13)

auch Delinquenz. Diese ist im soziologischen Verständnis ein Handeln, welches als abweichend definiert wird, da es gegen aktuell geltende Normen des Strafrechts verstößt (Eifler/Leitgöb 2018). Hier wird deutlich, dass die rein natürliche und die strafrechtliche Betrachtung des Kriminalitätsbegriffs eine Einengung der Perspektive bewirkt. Die gleiche Handlung kann rein formell mit Strafe bedroht sein oder auch nicht, „weil der strafrechtliche Kriminalitätsbegriff der ‚willkürlichen Verfügungsgewalt des Gesetzgebers ausgeliefert ist' (Kürzinger 1982: 14)" (Schwind 2013: 4).

Die Kriminalsoziologie richtet ihren Blick daher auf abweichendes Verhalten und meso- und makrostrukturelle Einflussfaktoren und Rahmenbedingungen. In diesem Lehrbuch werden hierzu exemplarisch drei Bereiche des sozialen Miteinanders in Hinblick auf ihre kriminalsoziologische Relevanz herangezogen. Da gesellschaftliche Strukturen nur idealtypisch in ihrer Interdependenz voneinander zu trennen sind, kommt es dabei innerhalb der Kapitel zu Schnittmengen der Themenbereiche. Dies erlaubt es, die komplexen Zusammenhänge zu verdeutlichen, die auf Individuen und Gruppen einwirken. Die Lehrbuchreihe ‚Soziologie im 21. Jahrhundert' weicht dabei von der vorherrschenden Vorgehensweise der chronologischen Erzählung ab. Die Kapitel folgen der Struktur, zunächst aktuelle Bezüge des jeweiligen Ausschnitts voranzustellen, um über Beispiele der jüngeren Forschung schließlich Klassiker der Disziplin zu präsentieren. Das folgende

Kapitel 2 wirft einen Blick auf sozialökologische Strukturen, um den Zusammenhang von *Kriminalität und Sozialstruktur* zu erörtern. Anhand des Beispiels städteräumlicher Segregation aufgrund soziodemographischer Differenzierungen der Bewohner wird die Spur über sozialökologische Theorien und Routineaktivitäten in ihrem Einfluss auf Kriminalität bis hin zur Chicago School und den frühen anomietheoretischen Überlegungen Durkheims und Mertons verfolgt. Gemeinsam ist diesen Theorien, dass charakteristische Merkmale von Personen und Gruppen im Kontext ihrer gesellschaftlichen Position Auswirkungen auf ihre Lebenschancen haben. Die sich daraus ergebenden Dimensionen sozialer Ungleichheit, wie beispielsweise Wohnbedingungen, können das Auftreten von Kriminalität beeinflussen. Das Kapitel 3 *Kriminalität und Sozialisation* befasst sich mit Radikalisierungsprozessen, deren steigendes Ausmaß an Delikt- und Personenzahlen des Verfassungsschutzberichts ablesbar ist. Diese werden aus verschiedenen Perspektiven beleuchtet und mögliche Ursachen für die normative Abkehr von der Mehrheitsgesellschaft an Bindungs- und Konflikttheorien, differentielle Assoziation und Techniken der Neutralisierung geknüpft. Steht hierbei das Verhältnis von Kriminalität und Sozialisation im Fokus, werden zugleich Verbindungen zu Kontroll- und sozialstrukturellen Theorien der Kriminalsoziologie gezogen. Das Kapitel 4 nimmt explizit das Verhältnis von *Kriminalität und sozialer Kontrolle* in den Blick. Anhand aktueller Entwicklungen wie der Bedeutung von Kriminalitätsfurcht hinsichtlich der Durchsetzung politischer Interessen fokussiert dieser Abschnitt die Ursachen des Kriminalitätsparadoxons, wonach bei jenen die größte Furcht besteht, Opfer zu werden, deren Gefährdung statistisch am geringsten erscheint. Im Rahmen der Kriminalsoziologie kann die Darstellung von Wirkweisen sozialer Kontrolle zum einen den interaktionistischen Theorien wie dem Labeling Approach zugeordnet werden, die eine Abkehr von den zuvor vorgestellten ätiologisch geprägten Ansätzen markieren. Eine weitere Perspektive bieten ökonomische Theorien, die sich mit dem Einfluss gesellschaftlicher Rahmenbedingungen auf individuelles, situatives Verhalten auseinandersetzen. Das Kapitel 5, die *Diskussion*, wird zum einen die dargestellten Zusammenhänge innerhalb der Disziplin einordnen. Die Kriminalsoziologie verfügt über eine breite Palette theoretischer Konzepte, die in den Kapiteln dieses Lehrbuchs nicht alle ihren Platz finden konnten. Zum anderen wird an dieser Stelle die Kriminalsoziologie in ihren Bezügen zu Nachbardisziplinen, wie der Kriminologie, verortet. Abschließend erfolgt in Kapitel 6, *Schluss* eine Zusammenfassung.

2. Kriminalität und Sozialstruktur

Die sozialstrukturelle Betrachtung einer Gesellschaft versucht, anhand der Ausprägung und Gewichtung verschiedener Dimensionen, eine Ordnung vorzunehmen, die das Beziehungsgefüge der Mitglieder in relativ dauerhafte soziale Gebilde fasst (Steuerwald 2016). Dies bedeutet, Menschen beispielsweise anhand ihrer unterschiedlichen Einkommen in meist vertikal angeordnete Stufen zu kategorisieren. Diese Ungleichverteilung in der Bevölkerung erlangt eine über statistische Zwecke hinausgehende Bedeutung, indem es sich um Ressourcen handelt, die hinsichtlich ungleicher Lebenschancen und Voraussetzungen zur Verwirklichung gesellschaftlich anerkannter Ziele bedeutsam sind: „Soziale Ungleichheit (engl. social inequality) ist im weiteren Sinne ein Unterschied zwischen mindestens zwei Menschen, gemessen durch verschiedene Ausprägungen mindestens eines sozial relevanten Merkmals. Im Unterschied zu Heterogenität oder Diversität bezieht sich soziale Ungleichheit auf solche Unterschiede, die letztlich unterschiedliche Lebensbedingungen im Sinne der Verfügung über gesellschaftlich relevante Ressourcen (zum Beispiel Geld, Macht) markieren, also auf Privilegien und Benachteiligungen hindeuten" (Endruweit/Burzan 2014: 571). Jenseits rein ökonomischer Aspekte zählt hierzu auch ein Mangel an Partizipationsmöglichkeiten, ein „Ausschluss von der materiellen, sozialen und kulturellen Teilhabe am gesellschaftlichen Leben" (Groh-Samberg 2009: 23). Diese Ungleichheiten sind immer im Kontext ihrer jeweiligen gesellschaftlichen Ordnung und ihrer Zeit zu betrachten. Waren zu einigen Zeiten der Stadt-Land-Unterschied oder der Glauben bedeutend, sind es in anderen Kontexten Merkmale wie die Nationalität oder der Beruf der Eltern. Der Dynamik des gesellschaftlichen Wandels Rechnung tragend blickt die soziologische Ungleichheitsforschung auf eine Reihe empirischer und theoretischer Arbeiten zurück, die sich des Themas sowohl deskriptiv als auch analytisch angenommen und unterschiedliche Begrifflichkeiten etabliert haben (unter anderem Klassen, Ständen, Schichten, Milieus oder soziale Lagen; für eine Übersicht siehe Burzan 2011 oder Hradil/Schiener 2005).

2.1 Soziale Ungleichheit und abweichendes Verhalten

Für welche Begrifflichkeit man sich auch entscheidet: Für den kriminalsoziologischen Kontext bedeutsam sind insbesondere die Folgen ungleicher Lebenschancen und Voraussetzungen zur Verwirklichung gesellschaftlich anerkannter Ziele (Burzan 2011). Auch wenn der Zusammenhang von sozialer Ungleichheit und abweichendem Verhalten unter konzeptionellen Schwächen in der Operationalisierung der unabhängigen und abhängigen Variablen leidet (Albrecht 2001: 195–196) und empirische Erkenntnisse diesen Befund relativieren (Dölling/Hermann/Laue 2022: 265–278), wird einem niedrigen gesellschaftlichen Status auf theoretischer Basis in der Regel eine höhere Kriminalitätsrate zugeschrieben.

Bis in die 60er Jahre dominierten Ansätze, welche Kriminalität als Folge individueller Pathologien betrachteten. Entweder war der Kriminelle so geboren und die abweichenden Verhaltensmuster wurden vererbt oder es lag eine Störung in der (meist) frühkindlichen Sozialisation vor. Dabei lag der Schlüssel zu einer differenzierteren Betrachtung bereits seit dem Jahr 1893 vor, in welchem einer der Gründerväter der Soziologie, Émile Durkheim, sein Buch „Über die soziale Arbeitsteilung" veröffentlichte. Hierin war zu lesen, dass das Verbrechen an sich nicht im luftleeren Raum existiert, sondern von der Bewertung der Gesellschaft abhängt: „Wir verurteilen sie nicht, weil sie ein Verbrechen ist, sondern sie ist ein Verbrechen, weil wir sie verurteilen" (Durkheim 2012: 130).

Diese Idee wurde in den 70er Jahren aufgegriffen und es entwickelte sich eine Strömung, deren Blick weg vom kriminellen Individuum hin zu schichtspezifischen Handlungen der Institutionen sozialer Kontrolle, zum Beispiel der Polizei, gerichtet war. Einer der Vorreiter dieser Strömung war Heinrich Popitz, der 1968 von der „Präventivwirkung des Nichtwissens" sprach. Dies bedeutet zum einen, dass die Gesellschaft nicht alle Normbrüche verfolgen könne. Denn wenn deutlich würde, dass eine große Anzahl der Mitglieder einer Gesellschaft deren Normen übertreten, müsste diese als Ganzes in Frage gestellt werden. Zum anderen müssten die erfassten Normbrüche vor allem sozial niedrig gestellten Akteuren zugeschrieben werden, um die Legitimität der Normen und vor allem die Legitimität der normsetzenden Positionen und ihrer Akteure zu bewahren (Popitz 1968).

Da sich soziale Ungleichheit auf alle Dimensionen des sozialen Lebens auswirkt, bedarf es einer perspektivischen Verengung, um exemplarisch Zusammenhänge aufzuzeigen. Das folgende Kapitel wird hierzu städteräumliche Segregationstendenzen und deren Implikationen nutzen.

2.2 Städtische Segregation

Die soziologische Befassung mit dem städtischen Raum ist eng verbunden mit der Geschichte der Industrialisierung. Die Auflösung ständisch-feudaler Strukturen und der massive Zuzug von Arbeitern in die Nähe der Produktionsstätten sorgte für eine Konzentration sozialstruktureller Konfliktlagen, innerhalb derer sich der gesamtgesellschaftliche Umbruch verdichtete und der an eben diesen Orten besonders sichtbar wurde. Dies geschah an unterschiedlichen Orten der Städte in unterschiedlichem Maße, und eben diese Organisation der sozialen Beziehungen unter den Menschen und deren Verteilung in den Ballungsräumen steht im Kern der Frage, ob sich die damalig wirksamen, segregativen Grundmuster in postmodernen Strukturen wiederfinden lassen.

Dangschat bietet eine Übersicht an Faktoren, welche die Attraktivität von Stadtvierteln und Wohngebieten maßgeblich beeinflussen (s. Abb. 3).

Dimension	**Indikator**
Lage & Erreichbarkeit	Lage im städtischen Kontext (Zentralität) Städtebauliche Typologie Erreichbarkeit (mit ÖPNV, zu Fuß)
Soziale Zusammensetzung der Wohnbevölkerung	AusländerInnen-Anteil Anteil größter autochthoner Gruppe Anteil Personen mit Migrationshintergrund Soziale Schicht / soziale Lage Diversitätsindex Nationalität / Ethnie Diversitätsindex Migrationshintergrund Diversitätsindex nach Schicht / Lage
Ausstattung (Wohnen, Infrastruktur) (hard infrastructure)	Ausstattung Wohnbau (Qualität, Preisgefüge, Eigentum) Ausstattung Infrastruktur (privat: Versorgung für täglichen und mittelfristigen Bedarf, Dienstleistungen) Ausstattung Infrastruktur (öffentlich)
Soziale Beziehungen (soft infrastructure)	Soziale Netzwerke (des-/integrationsfördernd) Politische Kultur Institutionelles Setting (Einrichtungen, deren Zielsetzungen Integration/Desintegration unterstützen)
Umwelt	Lärmbelästigung Luftbelastung Erschütterungen
Öffentlicher Raum	Nutzung des öffentlichen Raumes
Symbolwirkung/ Image	Einschätzung des Quartiers in der Binnensicht aufgrund der Wohnbevölkerung Einschätzung des Quartiers in der Binnensicht aufgrund der Wohnbau- und Infrastruktur Einschätzung des Quartiers in der Außensicht aufgrund der Wohnbevölkerung Einschätzung des Quartiers in der Außensicht aufgrund der Wohnbau- und Infrastruktur

Abb. 3: Ortseffekte, Integrationsaspekte und Funktionsbeschreibungen der Quartiere (Dangschat 2014: 127)

Je nachdem, welche Dimensionen an welcher Stelle in welchem Maße erfüllt sind, bewohnen typischerweise Menschen unterschiedlicher sozialer Lagen diese Wohngebiete. Innerhalb dieser Entitäten sowie zwischen ihnen und ihren Bewohnern existieren Regelhaftigkeiten des organisierten Zusammenlebens, die sich sowohl makro- als auch mikrosoziologisch analysieren lassen. Dabei wird der postmoderne, gesellschaftliche Wandel auch in räumlicher Hinsicht abgebildet, denn städtische Segregation ist kein starres Gebilde. Vielmehr unterliegt die „räumliche Ungleichverteilung zwischen Arm und Reich" (Farwick 2012: 382) einer Reihe struktureller Prozesse, von denen nachfolgend einige vorgestellt werden.

2.2.1 Gentrifizierung

Der Begriff der Gentrifizierung fasst eine ganze Reihe zunehmender Entwicklungen zusammen, die weltweit in urbanen Räumen zu beobachten sind. Dabei ist die bis heute unklare Definition das Resultat dieser Diversität: Bauliche, infrastrukturelle und politische Prozesse sind ebenso involviert wie ökonomische, sozialstrukturelle und symbolische Phänomene (Holm 2012: 662). Trotz aller Interdisziplinarität kann der Minimalkonsens lauten: „Gentrification ist ein Prozess, in dessen Verlauf Haushalte mit höheren Einkommen Haushalte mit geringeren Einkommen aus einem Wohnviertel verdrängen und dabei den grundsätzlichen Charakter und das Flair der Nachbarschaft verändern" (Kennedy/Leonard 2001: 6; Übersetzung: Holm 2012: 662). Friedrichs bietet eine ähnliche Definition für den deutschsprachigen Raum an, den „Austausch einer statusniedrigen Bevölkerung durch eine statushöhere in einem Wohngebiet" (Friedrichs 1996: 14).

Neben ökonomischen Aspekten wie der zyklisch wiederkehrenden Attraktivität von Investitionen in den Immobiliensektor, Ertragslücken sowie Übergängen von einer Renten- in eine Renditeökonomie (Holm 2012: 664–667) liegt der Fokus der soziologischen Betrachtung auf veränderten Lebensstilen, neuen Berufsanforderungen und dem demografischen Wandel der Gesellschaft als Treiber der Gentrifizierung, vor allem durch die gestiegene Nachfrage nach Quartieren der „Innenstädte als Wohnorte der Mittelklassen" (Holm 2012: 667).

Die zunehmende Individualisierung der Gesellschaft (siehe Reflexive Modernisierung, Kapitel 2.2.2.) und die damit einhergehende Veränderung von Lebensentwürfen (Beck 1986) hat dazu geführt, dass sich neben dem Ideal der 60er Jahre vom Reihenhäuschen mit Jägerzaun im Speckgürtel neue Ideen vom Wohnen entwickelten. Haushalte „mit überdurchschnittlichem Einkommen, Singles, unverheiratet Zusammenlebende[n], kleine[n] Familien" (Friedrichs 2000: 64): Innenstadtlagen für Ein- oder Zweipersonenhaushalte sind beliebter denn je und die Nachfrage stieg und steigt stetig an. Gleiches gilt für die Zunahme von innerstädtischen Arbeitsplätzen durch den Wandel von der Industrie- zur Dienstleistungsgesellschaft (Holm 2012: 668). Der entsprechend folgende Zuzug Besserverdienender, die Arbeiten, Wohnen und Freizeitaktivitäten in Innenstadtlage miteinander verbinden möchten, lässt „Alltagspraktiken von betonter Individualität und postmaterieller Wertorientierung" (Holm 2012: 670) entstehen, die Personen in schlechter bezahlten Berufen ausschließen. Holm nennt des Weiteren auch die Emanzipation der Frau als Grund: Der Rollenwandel vom traditionellen Muster geschlechtlicher Arbeitsteilung hin zur selbstbestimmten, zahlungskräftigen „Nachfragerin" und die damit verbundene „Feminisierung des öffentlichen Raumes" (Holm 2012: 669) beschleunigen ebenfalls Gentrifizierungsprozesse.

Einen typischen Verlauf der Gentrifizierung skizziert Philip Clay (1979) mit seinem 4-Phasenmodell der Aufwertung (Holm 2012: 671). Dieses Modell wurde zwar später vielfach modifiziert, die Grundidee blieb jedoch bestehen. Nachdem Pioniere, also Menschen mit hohem kulturellem und sozialem Kapital (Bourdieu 1983) sowie Risikobereitschaft die Phase des Zuzugs noch weitgehend unbemerkt mit selbständigen Renovierungsarbeiten einleiten, entwickelt sich in der zweiten Phase durch das Anwachsen dieser Gruppe ein Interesse der Immobilienwirtschaft am Wohngebiet, die ihrerseits Geld in Instandsetzung und bauliche Aufwertung der Infrastruktur investieren. Die dritte Phase steigert diese Entwicklung durch mediale Aufmerksamkeit, so dass Investitionen zunehmend den Charakter der Anlage erhalten und nicht mehr ausschließlich dem Wohnen dienen. Stark steigende Preise locken eine besserverdienende Klientel an, die nun endgültig Verdrängungsprozesse einleiten: Diese betreffen neben den Personen, die das Viertel schon länger bewohnt haben, auch die Pioniere. Die vierte Phase vervollkommnet diese Entwicklung durch den Fokus der Investitionen auf das Luxussegment und eine entsprechende Nachfrage (Holm 2012: 672).

Der beschriebene Zyklus bringt demnach Vorteile mit sich: eine verbesserte Bausubstanz, das Halten besserverdienender Haushalte in den Städten und somit höhere Steuereinnahmen für kommunale Investitionen, mehr Beschäftigungsmöglichkeiten und eine, zumindest für eine gewisse Zeit im Verlauf des Prozesses, heterogene Bevölkerung (Holm 2012: 673–674). Demgegenüber stehen jedoch auch Nachteile: Am Ende des Zyklus steht der Verlust von preiswertem Wohnraum, der auch einkommensschwächeren Haushalten ein Leben in Innenstadtlage ermöglichen würde. Auch die kulturelle Aneignung des Viertels durch Besserverdienende hat Auswirkungen: Von Dienstleistungen bis zur Bildungsstruktur orientiert sich das Angebot an einer zahlungskräftigen Zielgruppe, ärmere Haushalte finden keine Möglichkeiten für sich mehr vor und ziehen weg (Holm 2012: 674). Es bilden sich abgetrennte Lebenswelten, je nach sozialer Lage.

Wie eingangs erwähnt ist Gentrifizierung ein globales Phänomen, dass „sich von der Ausnahmesituation zum neuen städtischen Mainstream entwickelt"

(Holm 2012: 677). Da sich der Kreislauf immer weiter fortsetzt und immer mehr internationale Finanzakteure Investitionen tätigen, werden schließlich auch die einst Besserverdienenden zu Pionieren und durch eine noch zahlungskräftigere Klientel verdrängt (Holm 2012: 678).

Das Ergebnis sind Stadtviertel mit einer weitgehend homogenen Sozialstruktur, die voneinander getrennt eigene Normvorstellungen und Lebensstile entwickeln und entlang soziodemographischer Linien Ungleichheit manifestieren (Farwick 2012). Zwar lässt sich diese Polarisierung auch im ländlichen Raum beobachten, wird in Städten aufgrund der Bevölkerungskonzentration und -dynamik deutlicher sichtbar.

2.2.2 No-Go-Areas und Exklusion

„Armut und Reichtum konzentrieren sich zunehmend an unterschiedlichen Orten der Stadt und diese Entwicklung verstetigt sich“ (Müller 2012: 421). Werfen wir in diesem Zusammenhang zunächst einen Blick auf die Auswirkungen für jene Bevölkerungsgruppen, die aus gentrifizierten Wohngebieten verdrängt werden, oder von vorneherein in benachteiligten, wenigen attraktiven Vierteln ansässig waren.

Diese sind vom ökonomischen „Fahrstuhleffekt nach unten“ (Häußermann/ Siebel 2004: 160) aufgrund ihrer durchschnittlich niedrigen formalen Bildung am meisten betroffen, so dass sich Effekte der „Entmischung der städtischen Bevölkerung“ (Farwick 2012: 386), der sich verstärkenden sozialen Distanz zwischen den Bewohnern und der Armut in bestimmten Gebieten konzentrieren (Farwick 2001: 106). Diese Entwicklung wird durch das theoretisch wie empirisch fundierte Konzept der ‚incivilities‘ zusätzlich verstärkt (siehe Kapitel 2.3.1). Stadtviertel erhalten von Nicht-Bewohnern das Stigma als Problemviertel, als ‚No-Go-Area‘, die von Menschen bewohnt wird, die den gesellschaftlichen Erwartungen nicht entsprechen und die es zu meiden gilt.

Stigma

In seinem 1963 erschienenen Buch „Stigma. Über Techniken der Bewältigung beschädigter Identität“ analysiert Erving Goffman den Umgang von Menschen, die den ihnen gegenüber gestellten Erwartungen von anderen nicht entsprechen. Besteht eine negativ konnotierte Diskrepanz zwischen der ‚virtuellen‘ und der ‚aktualen sozialen Identität‘, also den situativ antizipierten Forderungen der Umwelt an das Individuum und dessen realen Eigenschaften, entsteht das Stigma, das sich in „Abscheulichkeiten des Körpers“, „individuellen Charakterfehlern“ und/oder „phylogenetischen Schemata“ entfalten kann (Goffman 1994: 12–13). Diese können dem Individuum bewusst und nach außen sichtbar (diskreditierte Person) oder verborgen sein (diskreditierbare Person).
Ganz seinem interaktionistischen Verständnis der Soziologie entsprechend, fokussiert sich Goffman vor allem auf den Moment, in dem beide Seiten mit ihrem Verständnis der Realität aufeinandertreffen und dieses aushandeln. Das „Spannungsmanagement“ hat zum Ziel, mit der Diskrepanz zwischen persönlicher und sozialer Identität umzugehen (Goffman 1994: 170). Das diskreditierte Individuum versucht, diesen Makeln zu entkommen, indem physische Abweichungen von den gesellschaftlichen Erwartungen beispielsweise durch Sport oder Chirurgie angepasst und individuelle Charakterfehler durch Therapien behoben werden. Oder es versucht, die Erwartungsseite zu beeinflussen, indem die vermeintliche Abweichung zumindest graduell Teil des Normkonsenses wird. Hierbei helfen Repräsentanten des gleichen Stigmas auf individueller („Professionelle“) oder kollektiver Ebene (Goffman 1994: 136f.). Eine diskreditierbare Person ist hingegen gezwungen, „Informationskontrolle“ zu betreiben, indem das Stigma in bestimmten Situationen entweder täuschend verborgen oder ‚kuvriert‘ wird, also mittels einer unaufdringlicher Selbstverständlichkeit Spannungen abgebaut werden (Goffman 1994: 170).

Ein Aspekt der Trennung ist die ethnische Segregation. Diese ist zwar eng verbunden mit der ökonomischen Seite, die eine vermeintliche oder tatsächliche größere Herausforderung zur Einhaltung gesellschaftlicher Normen bedingt. Jedoch existiert in Deutschland ein spezifischer, historischer Kontext, der auf die Siedlungsmuster der Gastarbeiter zurückgeht. Zunächst in funktionalen Behausungen in der Nähe ihrer Arbeitsstätten untergebracht, begann vor allem mit dem Einsetzen des Familiennachzugs die Suche nach Wohnungen im freien Markt, die sich aufgrund der durchschnittlich geringen Einkommen und Bildungsqualifikationen sowie der Sprachbarrieren jedoch fast ausschließlich auf das untere Preissegment konzentrierten. Hinzu kamen und kommen diskriminierende Benachteiligungen auf dem freien Wohnungsmarkt, die eine stärkere Bindung an „die spezifischen binnenethnisch orientierten Suchstrategien der Migranten" begründen (Farwick 2012: 398). Die Folge ist nicht nur eine Zementierung der ethnisch bedingten Segregation, sondern eine Korrelation „zwischen den Ausländeranteilen, den Arbeitslosenraten sowie den Anteilen an Beziehern staatlicher Transfers in den jeweiligen Teilgebieten" (Farwick 2012: 398).

Wie jedoch bereits zuvor festgestellt wurde, ist die sozialräumliche Segregation jenseits des Blickes auf Bevölkerungsgruppen, die sich in einer benachteiligten sozialen Lage befinden, eine gesamtgesellschaftliche Entwicklung. Denn auch die Pioniere der Gentrifizierung werden schließlich verdrängt. Dies erfordert einen Blick auf weitere Determinanten und Dimensionen der sozialen Ungleichheit, anhand derer sich Zusammenhänge unterschiedlicher Lebenschancen hinsichtlich ihrer Ursachen und Auswirkungen analysieren lassen. Diese finden sich im Begriff der Exklusion, nach dem die Trennlinien neben ökonomischen Aspekten in postmodernen, pluralisierten Gesellschaften beispielsweise auch entlang der „Unterschiede zwischen Altersgruppen, Geschlecht, Nationalität, Schulbildung, Religion und Kultur, Lebensstil etc." und ihren kumulativen Folgen für die gesellschaftliche Teilhabe verlaufen (Müller 2012: 423).

Die Ursprünge dieser Entkopplung der „Überflüssigen" (Bude/Willisch 2008) kann im Wandel der Arbeitsverhältnisse seit Beginn der Industrialisierung verortet werden. Waren Gemeinschaften des sozialen Umfelds wie Familien und Nachbarschaften in traditionellen Gesellschaften der Bezugspunkt von Integration, wurde diese Funktion zunehmend von der Position in der Arbeitswelt definiert (Müller 2012: 426). Während Hegel der Arbeit den Wert beimisst, dass sie dem Menschen Selbsterkennen und eine Identität als Resultat seiner Tätigkeit ermöglicht (Braun et al. 2014), erkannte Marx in der industriellen Massenfertigung ein Instrument, das dem Menschen ein grundlegendes Merkmal zur Identifikation mit seinem Tun und damit letztlich seines Selbst nimmt und ihn von seinem sinnlichen Umgang mit der Natur entfremdet (Marx 2013). Mit fortschreitendem gesellschaftlichem Wandel und der steigenden Regelhaftigkeit unsicherer, unter dem „Anpassungs- und Flexibilisierungsdruck einer globalisierten postindustriellen Ökonomie" stehenden Arbeitsverhältnisse erfasste diese Entwicklung nicht nur das Proletariat, sondern weite Teile der gesellschaftlichen Mitte (Müller 2012: 427). Das Phänomen der Exklusion bleibt keiner gesellschaftlichen Gruppe vorbehalten: Vielmehr hat „eine allgemeine ‚Prekarisierung' von Lebensverhältnissen [...] zumindest grundsätzlich die gesamte Bevölkerung erfasst" (Bohn 2006: 7–8). Die Spaltung erfolgt nicht mehr vorrangig zwischen oben und unten, sondern zwischen drinnen und draußen (Bude 1998) (Für eine umfassende Einführung in die wissenschaftliche Debatte zur Prekarisierung siehe Mokatef 2015).

Die Ausgrenzung in Form sozialer Armut hat nach Bude und Willisch (2006) drei Komponenten: Die ‚Agency' beschreibt die zunehmende Abhängigkeit von staatlichen Institutionen der Fürsorge. Die ‚Kohäsion' schließt die Gruppe jener ein, die auf den ersten Blick nicht betroffen scheinen, als Teil der Gesamtgesellschaft jedoch ebenfalls dem Phänomen unterliegen. Deren Abspaltung bedroht den Zusammenhalt des Gesamtkonstrukts. Der ‚Anschluss' richtet den Blick auf die kumulative Entwicklung der Ausgrenzung, die sich in vielfältigen Bereichen wie sozialen Netzwerken, der Arbeitswelt oder dem Körper vollzieht und eine Dynamik entwickelt, die eine Rückkehr zunehmend erschwert (Bude/Willisch 2006: 14–15). Hieraus ergeben sich drei Typen der Exklusion:

Als nach außen unsichtbarer Modus haben Personen das Gefühl mangelnder „sozialer Relevanz", obwohl sie alle objektiven Kategorien einer gelungenen gesellschaftlichen Integration vorweisen können – zum Beispiel einen Arbeitsplatz oder soziale Netzwerke (Bude/Willisch 2006: 16). Vor allem vor dem ‚Agency'-Hintergrund einer Abhängigkeit vom Wohlwollen anderer fungiert das Aufbegehren benachteiligter Gruppen gegen ‚die da oben' und die Anbindung an deviante Gruppen als Vehikel, das spaltenden Tendenzen und Radikalisierungsprozessen zugrunde liegt (siehe Radikalisierungsprozesse, Kapitel 3.2.). Gleichfalls in Bezug zu Vergemeinschaftungsprozessen steht der dritte Typus, wonach sich Personen als per se deviant verstehen und Exklusion aktiv suchen, um Zugehörigkeit zu Gleichgesinnten zu empfinden (Bude/Willisch 2006: 16–17) (siehe (Sub-)Kulturkonflikte, Kapitel 3.3.2.).

Die bei Hegel und Marx bereits angerissenen psychologischen Faktoren kehren aus einer anderen Perspektive bei Bude und Lantermann (2006) wieder: Der Passung des Individuums hinsichtlich des Selbst- und Fremdbilds aus gesamtgesellschaftlicher Sicht. Objektive Lagen und das subjektive Empfinden von Exklusion stehen in Wechselwirkung: „So begreift sich einerseits nicht jeder nach materiellen Kriterien sozial Benachteiligte als von der Gesellschaft abgehängt und nutzlos, andererseits hat nicht jeder, der in materiell gesicherten Umständen lebt, das Gefühl, ‚mitten im Leben' zu stehen und am gesellschaftlichen Leben teilzuhaben" (Müller 2012: 431). Es bedarf also der Möglichkeiten der Einordnung durch objektive Kriterien wie Einkommen oder Bildung, in deren Rahmen das Eingebundensein in soziale Strukturen wie familiäre Kontexte, soziale Netzwerke und institutionelle

Selbstwirksamkeitsgelegenheiten letztlich zum Integrations- oder Exklusionsempfinden führt. Und somit die Position zwischen ‚drinnen' und ‚draußen' definiert (Müller 2012: 432). Dies wird zu einer zunehmend schwierigen Aufgabe, insbesondere vor dem Hintergrund ungleich verteilter Bewältigungsressourcen in einer sich immer weiter differenzierenden und pluralisierenden Welt im Sinne der reflexiven Modernisierung.

Reflexive Modernisierung

Ulrich Beck beschreibt in seinem Buch „Risikogesellschaft. Auf dem Weg in eine andere Moderne" (1986) einen unbewusst stattfindenden, andauernden gesellschaftlichen Wandel: die zweite Moderne. In dieser wird das Individuum zunehmend weniger durch seine Mitgliedschaft in institutionellen Gruppierungen wie der Familie oder der Kirche beeinflusst. Der wirtschaftliche Aufschwung, staatliche Wohlfahrtsleistungen, Bildungsexpansion und neue Familienbilder: Die Gesellschaft ändert sich unter globalem Einfluss und bedingt ein neues Selbstverständnis des Individuums. Die ‚Risikogesellschaft' besteht aus Personen, deren kognitives wie konatives Selbstverständnis von ökonomischer Sicherheit und technologischem Fortschritt geprägt ist. Hierzu gehören jedoch auch neu entstehende, beispielsweise ökologische Gefahren: Die Beherrschung der Natur birgt das Risiko schwerwiegenderer Katastrophen, die Rationalisierung sozialer Beziehungen „die Gefahr des Sinnverlustes in einer als wertarm empfundenen Welt" (Hirtenlehner 2009: 15). Hieraus ergeben sich neue, ausdifferenzierte und globalisierte Konfliktlinien, für die das Individuum neue Lösungen finden muss, ohne auf althergebrachte Lösungen zurückgreifen zu können.
Das Individuum wird somit aus traditionellen Bindungen freigesetzt, diese werden „entzaubert" und es entsteht Unsicherheit (Beck 1986: 206). Es verbleiben jedoch weiterhin gesamtgesellschaftliche Normen, die den Individualisierungsschub begrenzen und es notwendig machen, sich durch die Bildung neuer Gemeinschaften in neue gesellschaftliche Herausforderungen zu „reintegrieren" (Beck 1986: 206).

Für die sozialräumliche Entwicklung bedeutet diese Polarisierung, dass sich Menschen zum einen immer mehr voneinander segregieren, zum anderen, dass innerhalb dieser Räume eine Angleichung der Bedürfnisse an homogenere Lebensstile stattfindet. Insgesamt führt dies zu selbstreferentieller Orientierungslosigkeit, da sich bislang herrschende Bezugsrahmen verschieben und zum Beispiel der Trend zu mobileren Single-Haushalten den Aufbau langfristiger nachbarschaftlicher Verbindungen erschwert. Bewohner benachteiligter Stadtviertel sind dabei aufgrund ihrer ökonomischen Lage, ihres eingeschränkten Zugangs zu Partizipationsmöglichkeiten sowie der zumindest potentiellen Stigmatisierung in einer negativen Position (Müller 2012: 439–441).

2.2.3 Gated Communities

Während einige Stadtviertel also als exkludierte No-Go-Areas und somit als benachteiligte Orte der Kriminalität stigmatisiert werden, bilden sich an anderen Stellen gated communities, in denen Individuen und Kollektive meist umzäunte und bewachte Einheiten bewohnen und sich aktiv von der restlichen Bevölkerung segregieren. Zwar finden sich als Motivation für den Zuzug verschiedenste gesellschaftsspezifische Bezüge wie infrastrukturelle Versorgungssicherheit (Glasze 2003), die Verwirklichung ästhetischer Konzepte sowie eine ökonomische und lebensstilspezifische Homogenität der Bewohner (Raposo 2006; Pow 2009). Ein starkes Motiv ist jedoch vor allem der Schutz vor Kriminalität von außerhalb der Mauern der abgegrenzten Gemeinschaft. Gated communities finden sich weltweit, jedoch sind sie vor allem in den USA weitverbreitet, wo sich im Jahr 2015 64.575.000 Wohneinheiten in sogenannten „secured communities" befanden (U.S. Census Bureau 2015). Im Jahr 2002 wählten ca. 47.000.000 Bewohner diese Form der Abschottung (Le Goix/Webster 2008).

Auf theoretischer Ebene lässt sich die Etablierung von gated communities mit dem Defensible-Space-Ansatz (Newman 1973) erklären. Im Bestreben nach Sicherheit und sozialer Kontrolle gestalten Bewohner ein abgegrenztes Territorium verteidigungsfähig, da sie es als schützenswert erachten. Dies passiert hier mittels architektonischer Abschottung und dem Aufbau informeller sozialer Kontrolle, um einen Schutz vor Kriminalität von außen zu gewährleisten (Frevel 2012: 599–600). Auf diese Weise werden klare Grenzen zwischen In- und Exklusion gezogen und eine Gemeinschaft etabliert, die öffentlichen in privaten Raum umwandelt, der sich durch eine von der Gesamtgesellschaft abgegrenzte Normwelt auszeichnet (Klamt 2012: 798). Jenseits baulicher Abschottung markieren gated communities also eine „soziale Grenzziehung, […] durch die Herstellung eines bestimmten, klar identifizierbaren und abgegrenzten Wohnumfelds, und nur sekundär durch die physische Unüberwindbarkeit der Umzäunung" (Füller/Glasze 2014). Vor Delikten aus den Bereichen Finanzkriminalität, Cybercrime oder häusliche Gewalt bietet jedoch auch diese Maßnahme keinen Schutz.

2.3 Sozialstruktur, Wohngebiete und Delinquenz

2.3.1 Zerbrochene Fenster und andere Incivilities

Der Einfluss des sozialen Nahfelds auf objektive Kriminalitätsbelastung und subjektives Sicherheitsempfinden ist in Theorie und Praxis fest verankert. So befasst sich insbesondere die kommunale Kriminalprävention mit Fragen der Sicherheit, die sich aus nachbarschaftlichen Bezügen und dem subjektiven Sicherheitsempfinden ergeben, denn: „Die in der Bevölkerung festzustellende Verbrechensfurcht stellt jedenfalls bereits als solche, d.h. in ihrer bloßen Existenz, ein sozial- und kriminalpolitisches Problem dar, weil sie die Lebensqualität der Bürger beeinträchtigt. Von daher gehört es auch zu den staatlichen Aufgaben, dafür zu sorgen, dass die Bürger nicht nur tatsächlich abends auf die Straße gehen können, sondern es auch glauben, dass sie es können" (Kerner 1986: 155).

In diesem sozialökologischen Zusammenhang fokussiert die Soziale-Kontroll-Perspektive Zeichen sozialer Desorganisation im sozialen und gebauten Umfeld (Hummelsheim-Doß 2016). Als Symbole der Anomie deuten sie auf den Verlust der (in-)formellen sozialen Kontrolle in einem bestimmten Umfeld hin (Boers 2002: 1412). Sichtbare Zeichen dieser ‚incivilities' sind beispielsweise Müll oder Graffiti an Hauswänden, die ein Gefühl der Unsicherheit hervorrufen können: das Gefühl, wahrscheinlicher Opfer einer Straftat zu werden. Folge ist Kriminalitätsfurcht (siehe Kapitel 4.2) und der Rückzug von Bewohnern, die sich an geltenden Normen orientieren, aus dem öffentlichen Raum und damit ein Rückgang sozialer Kontrolle, was weitere Kriminalität begünstigt (siehe Theorie der sozialen Desorganisation, Kapitel 2.4.1.). Probleme des sozialen Nahfelds fließen dabei in die Betrachtung des Zustands der Gesamtgesellschaft ein, so dass incivilities eine Metapher für den Vorgang werden, dass die Gesellschaft als solche ihre Kohäsion und Kontrollfähigkeit verliert und das Individuum zunehmend auf sich selbst gestellt ist.

Dies erinnert nicht zu Unrecht an die Broken-Windows-Theorie, deren weitreichende Folgen selbst die Autoren Kelling und Wilson (1982) überrascht haben dürften. Sie entwarfen das Bild einer zerbrochenen Fensterscheibe als Zeichen mangelnder sozialer Kontrolle im sozialen Nahfeld. Der These nach würde eine ausbleibende Reparatur den Bewohnern vermitteln, dass kein Interesse an einer funktionalen sozialen Umwelt vorliegt und innerhalb einer kurzen Zeitspanne

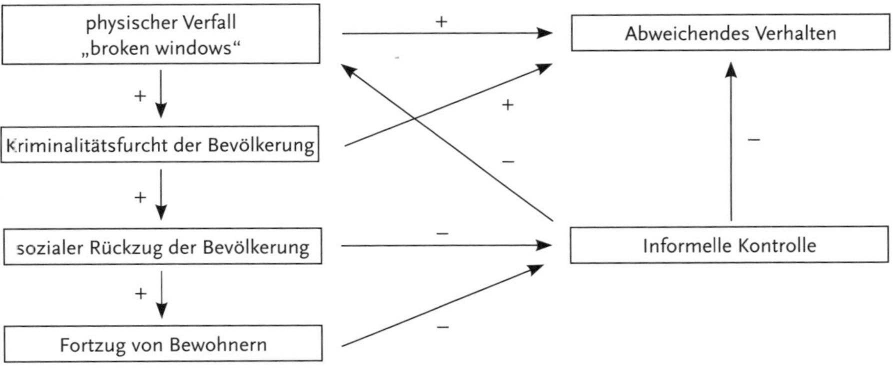

Abb. 4: Broken-Windows-Theorem, eigene Darstellung

weitere Scheiben zerstört würden. Die Fensterscheibe ist hierbei ein Symbol für deviantes oder delinquentes Verhalten aller Art. Abweichungen vom Normkonsens würden toleriert. Folge wäre, dass Bewohner, denen an sozialer Kontrolle und einer letztlich sicheren Umgebung gelegen ist, die Gegend verlassen und nur jene zurückbleiben, die sich an mangelnder sozialer Kontrolle zumindest nicht stören. Ein Teufelskreis setzt sich in Gang, an dessen Ende Wohngebiete zurückbleiben, die sich vom Normkonsens entfernt haben (siehe Abbildung 4).

Zwar existiert eine Reihe kritischer Sichtweisen, die insbesondere dem Zusammenhang zwischen incivilities und Kriminalitätsfurcht eine tautologische Qualität zusprechen (hierzu: Oberwittler/Janssen/Gerstner 2017). Jedoch waren die angesprochenen Folgen der Theorie, die erstmals in der ,The Atlantic Monthly' erschien, real. Diese betrafen vor allem die anschließende Zero-Tolerance-Policy der New Yorker Polizei, die durch politische Entscheidungsträger gestützt, einen Paradigmenwechsel nach sich zog (Shelden 2004). Durch Dezentralisierung und harte Strafen gegenüber Ordnungswidrigkeiten wurde zwar ein signifikanter Rückgang der Kriminalität erreicht. Dem gegenüber standen und stehen jedoch hohe ökonomische Kosten sowie Vorwürfe hinsichtlich brutaler und diskriminierender polizeilicher Praktiken in der Umsetzung. Gleichfalls wird kritisiert, dass soziodemographische und soziale Veränderungen (Arbeitsmarkt, Drogenmarkt, private Sicherheitsmaßnahmen) als Einflussfaktoren in dieser Bilanz unterdiskutiert bleiben (Hess 2004).

2.3.2 Differentielle Kontakte

Die zuvor erläuterte segregierte Einwohnerstruktur unterschiedlicher Wohngebiete lässt einen Blick auf die Individualebene zu. Hierzu lässt sich die Theorie der differentiellen Kontakte heranziehen, die ebenfalls im Kapitel zur Sozialisation ihren Platz gefunden haben könnte. Erstmals 1924 von Edwin H. Sutherland formuliert, versteht sie Delinquenz als einen (Sozialisations-)Prozess (siehe Kriminalität und Sozialisation, Kapitel 3.) des Lernens spezifischen Verhaltens, zu dessen Übernahme und Akzeptanz nicht nur der bloße Kontakt zu kriminellen Personen, sondern die erfolgreiche kommunikative Vermittlung entsprechender Normvorstellungen und Handlungsweisen gehört. Daher wird häufig auch der Name der differentiellen Assoziation verwendet. Dieser Prozess betrifft nicht nur Personen mit niedrigem sozialem Status in benachteiligten Wohngebieten: Auch die obersten Schichten der Gesellschaft, klischeehaft in gated communities verortet, lernen die Akzeptanz und Durchführung von Normbrüchen von differentiellen Kontakten, jedoch typischerweise bzgl. anderer Deliktarten.

Im Kern überwiegen positive Definitionen von Gesetzesverletzungen gegenüber negativen Definitionen. Die soziale Umwelt muss sich hierzu nicht ausschließlich aus delinquenten Personen zusammensetzen. Die Lernprozesse erfolgen primär in Kleingruppen, in denen Motive für abweichendes Verhalten und die Techniken zur Ausführung interaktionistisch erlernt werden. In diesen Gruppen werden gesellschaftliche Normen als positiv oder negativ definiert, die Bewertung einer Handlung erfolgt anhand der Gruppennormen. Entscheidend sind nach Sutherland Häufigkeit, Dauer, Priorität und Intensität der Kontakte, ebenso wie der Zeitpunkt: Je früher eine Person mit diesen Normvorstellungen in Kontakt kommt, umso tiefer geht der Einfluss (Sutherland 1968). Dementsprechend wird Kriminalität als legitimes Mittel vom sozialen Umfeld erlernt.

Opps Hypothesen

Karl-Dieter Opp (1974) hat diese Aspekte in fünf Hypothesen präzisiert:

1. Je häufiger Kontakt zu devianten Personen, desto positiver Bewertung von Devianz und desto häufiger Kommunikation
2. Je jünger Kontakt zu devianten Personen, je positiver Bewertungen von Devianz und je größer Identifikation mit devianten Personen, desto stärker Akzeptanz devianter Normen
3. Je häufiger Kommunikation über deviantes Verhalten, desto wirksamer die Techniken
4. Je stärker die Bedürfnisse, je stärker Akzeptanz devianter Normen, je wirksamer der Einsatz von Techniken, je mehr Möglichkeiten für Devianz, desto häufiger Devianz
5. Je häufiger Devianz, desto mehr Kontakt zu devianten Personen (Opp 1974: 156–178).

2.3.3 Routineaktivitäten

Aus der soziodemographischen Struktur der Bewohner eines Stadtviertels ergeben sich Routineaktivitäten, die ihrerseits nach Cohen und Felson (1979) einen Einfluss auf die jeweilige Kriminalitätsbelastung zeigen. Hervorgehoben wird eine „zeitlich-räumliche Komponente" der makrostrukturellen Seite in der Entstehung von Delinquenz (Lüdemann/Ohlemacher 2002: 59). So bringt die Veränderung von Lebensgewohnheiten in einer Gesellschaft auch Veränderung von Kriminalitätsraten mit sich. Als Routine-Aktivitäten gelten Aktivitätsmuster oder Freizeitverhalten, die von der Sozialstruktur einer Wohngegend geprägt sind. Betrachtet man beispielsweise den Weg zur Arbeit einer einzelnen Person, ergeben sich unter Umständen gesamtgesellschaftliche Muster. So werden zum Beispiel in Quartieren mit niedriger Arbeitslosenquote zu bestimmten Zeiten mehr Wohnungen unbeaufsichtigt sein als in anderen, was die Wahrscheinlichkeit von Einbrüchen erhöht.

Ausgangspunkt war die Beobachtung, dass ein steigendes Bildungs- und Wohlstandsniveau in den USA der 70er Jahre nicht wie angenommen zu einer Abnahme, sondern im Gegenteil zu einem starken Anstieg der Deliktzahlen führte. Cohen und Felson formulierten drei Bedingungen für die Ausführung eines Delikts: einen motivierten Täter, ein Opfer bzw. die Gelegenheit zu Tatbegehung an einem geeigneten Objekt sowie „das Fehlen von, die potentiellen Opfer schützenden Personen oder Umständen" (Lüdemann/Ohlemacher 2002: 60). Das Zusammentreffen dieser drei Faktoren in zeitlicher und räumlicher Hinsicht ist die entscheidende Bedingung für das Stattfinden eines Delikts. Routine-Aktivitäten sind demnach Gelegenheiten für Kriminalität, hier illustriert am Beispiel von Wohnungseinbrüchen (siehe Abbildung 5).

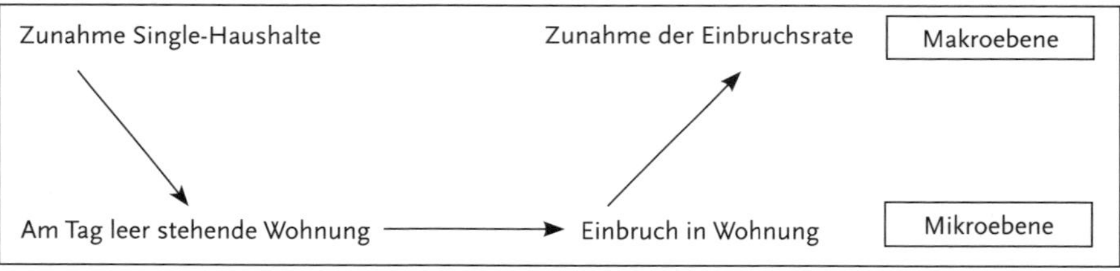

Abb. 5: Routineaktivitäten, eigene Darstellung

Folglich muss der kriminalpräventive Blick auf gesellschaftliche Rahmenbedingungen gerichtet werden, welche die Wahrscheinlichkeit des Eintretens dieser Konstellation an bestimmten Orten zu bestimmten Zeiten begünstigen.

2.4 Klassiker der Sozialstruktur und Kriminalität

2.4.1 Theorie der sozialen Desorganisation

CHICAGO SCHOOL

Die empirischen Untersuchungen der Wissenschaftler der Chicago School gelten heute als Klassiker soziologischer Stadtforschung sowie der Soziologie insgesamt. Als Melting Pot seiner Zeit galt Chicago als eine Art Reallabor vor der eigenen Haustür, in dem „die Desorganisation traditioneller Bindungen und die konfliktreiche Genese moderner Organisationsformen, der Wandel, die Übergänge der Stadt" Beobachtungen zu sozialen, kulturellen und strukturell-räumlichen Entwicklungen ermöglichten, die heute als Blaupause postmoderner Gesellschaften fungieren (Hennig 2012: 106). Insbesondere methodologisch wurden sowohl qualitativ (Park, McKenzie) als auch quantitativ (Burgess, Duncan & Duncan) Zugänge zur Analyse städtischer Segregation erschlossen (Dangschat 2014: 119). Beide Seiten ermöglichten nicht nur Forschungen zu objektiven Indices sozialer Ungleichheit sowie zur individuellen und kollektiven internen Organisation des Zusammenlebens in unterschiedlichen Stadtvierteln. Zugleich wurden Grundsteine für beispielsweise ethnomethodologische Ansätze gelegt: Über die Verbindung von Einzelbeobachtungen und offizielle Statistiken entstand erstmal eine Schnittmenge aus „stadt- und kriminalsoziologischen Ansätze[n]" (Eifler 2002: 21).

In ihrem Werk „Juvenile Delinquency and Urban Areas: A Study of Rates of Delinquents in Relation to Differential Characteristics of Local Communities in American Cities" (Shaw/McKay 1942) untersuchten Clifford Shaw und Henry McKay einen Zusammenhang zwischen Kriminalität und Sozialstruktur. Sie stellten fest, dass die registrierte (Jugend-)Delinquenz an bestimmten Orten einer Stadt, den ‚delinquency areas', konzentriert ist, obwohl sich diese durch eine hohe Fluktuation ihrer Bewohner auszeichneten.

Dementsprechend kann die Ursache für Kriminalität nicht im Individuum verortet, sondern an konstant zu beobachtenden sozialen wie auch sozio-ökonomischen Merkmalen in diesen Wohngebieten festgemacht werden. Dies betrifft beispielsweise infrastrukturelle Faktoren, die Einfluss auf die Individuen und die Gelegenheiten zur Tatbegehung haben. Hinzu kommt ein mangelnder Einfluss von institutionalisierten Instanzen sozialer Kontrolle wie der Kirche, Familien und Schulen. Diese geringe Wirkmacht in der Vermittlung normbezogener Konformität führt zur Etablierung alternativer Normsysteme, die als „kriminelle Traditionen" über Generationen und Familien hinweg weitergegeben werden (siehe auch: ‚Differentielle Kontakte', Kapitel 2.3.2). Die Konzentration von Bewohnern aus benachteiligten sozialen Schichten in diesen Wohngebieten bei gleichzeitig fehlender Konstanz sozialer Kontrolle durch eine überdurchschnittliche Fluktuation führt zum bezeichneten Zustand der sozialen Desorganisation (Singelnstein/Kunz 2021: 136). Der Raum ist Ursache für Kriminalität, nicht seine Bewohner.

Um zu zeigen, dass bestimmte Stadtgebiete von dieser Entwicklung besonders betroffen sind, verwendeten Shaw und McKay das ‚concentric zone model', welches von Ernest Burgess (1925) entwickelt wurde (siehe Abbildung 6). Basierend auf der Annahme eines Wachstums vom Zentrum aus, bilden sich fünf Zonen, die sich (sozial-)strukturell voneinander unterscheiden.

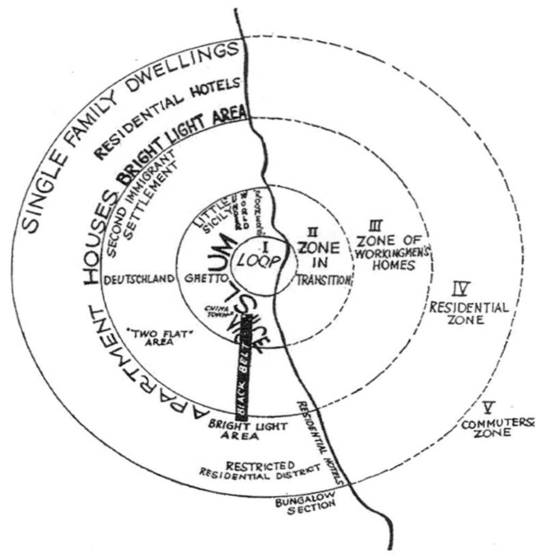

Abb. 6: Urban areas (Burgess 1925: 38)

Die Charakteristika dieser Zonen wurden von Hennig wie folgt zusammengefasst:

Zone	Schlagwort	Geographie	Beschreibung
I	Loop	Zentrum	Geschäftszentrum
II	Übergang: „zone in transition"	Getto, Slum, Chinatown, Unterschichtenteil des Black Belt, Unterwelt, Untermieter im Near North, Eisenbahn- und Industriegelände	Geschäfte und Handwerk dringen ein, Migrantenkolonien (wie „Little Sicily"), Mischung von europäischem Erbe und USA, Niedergang überwiegt, es gibt aber auch Kreativität
III	Arbeiter-siedlungen	Schlachthöfe, Siedlungen der zweiten Generation von Einwanderern	Flucht aus dem Slum, gelernte Arbeiter mit Blick auf das gesegnete Land (Zone IV), Wohnen nahe beim Arbeits-platz
IV	Wohngebiete, teures Wohnen	Einzelhäuser, Einfamili-enhäuser, im Südwesten Leichtindustrie, Industriepark	exklusive, begrenzte Bezirke, Oberklassen-Quartiere, Garten-städte
V	Pendlerzone	außerhalb der Stadtgrenze	Bungalows, Vorstädte, Abstand von 30 bis 60 Minuten Fahrzeit zum Loop

Abb. 7: Burgess' Stadtmodell: Die Charakterisierung der Zonen (Hennig 2012: 120)

Bezüglich der Kriminalitätsbelastung fokussiert sich der Blick auf Zone II, die ‚transition zone', die am ehesten durch das Wachstum aus dem ‚loop', dem Stadtzentrum, unter Druck gesetzt wird. Aufgrund konzentrierter Armut, ethnischer Heterogenität sowie einer hohen Fluktuation der Bevölkerung fehlt „weitgehend ein Werte- und Normenkonsens, der das alltägliche Miteinander der dort lebenden Bevölkerung verbindlich regelt. Gleichzeitig lernen diejenigen, die sich in desorganisierten Umgebungen bewegen, kriminelle Einstellungen und Verhaltensweisen von anderen, die diese Einstellungen bereits erworben haben und kriminelle Handlungen ausführen" (Eifler 2002: 22). Dies wird durch Shaw und McKay bestätigt, die in dieser Zone die höchste registrierte Kriminalitätsbelastung feststellen. Menschen, die ein Bedürfnis nach sozialer Kontrolle verspüren und über ein entsprechendes Einkommen verfügen, verlassen diese Zone, so dass nur jene zurückbleiben, die dies nicht können. Der Zuzug besteht im Wesentlichen aus Menschen, die sich ebenfalls in niedrigen sozialen Schichten befinden und/oder Immigranten, deren heterogene Sozialisationserfahrungen einem einheitlichen Normkonsens im Sinne der Mehrheitsgesellschaft nicht entsprechen (Roh/Choo 2008). Auf diesem Weg verfestigen sich sowohl die Grundlagen für als auch die Auswirkungen von sozialer und sozio-ökonomischer Benachteiligung in der ‚transition zone', was sich im Rahmen der Theorie der sozialen Desintegration auch an einer überproportionalen (Jugend-)Delinquenz zeigt.

Auch wenn dieser Ansatz Kriminalität oberer sozialer Schichten nicht in den Blick nimmt und Konformität in delinquency areas ausklammert, entkoppelt er die Verbindung von Kriminalität und Individuen, insbesondere jenen mit Migrationshintergrund (Singelnstein/Kunz 2021: 136). Vielmehr wird der Blick auf einen Mangel gesamtgesellschaftlicher Mechanismen sozialer Kontrolle gelenkt, bezieht Lernprozesse innerhalb der sozialen Gruppen in bestimmten städtischen Räumen ein und bildet die Grundlage für eine große Anzahl späterer kriminalsoziologischer Theorien (Eifler 2002: 22). Darunter befinden sich gleichsam zahlreiche Anknüpfungspunkte für den Bereich der Sozialisation, die im Kapitel 3 aufgegriffen werden.

2.4.2 Anomie

ÉMILE DURKHEIM

Émile David Durkheim wurde 1858 im lothringischen Städtchen Épinal als Sohn eines Rabbiners in achter Generation geboren. Als mit Abstand jüngstes von fünf Geschwistern wuchs er – bis zu einer größeren Erbschaft der Familie Durkheim – zunächst in eher bescheidenen Verhältnissen auf. Überschattet wurde seine Kindheit vom preußisch-französischen Krieg der Jahre 1870 und 1871. Bereits in dieser Zeit begann sich bei Durkheim eine Ansicht auszubilden, die er zeit seines Lebens vehement vertreten sollte: Der (Neu-)Aufbau der französischen Nation könne nur mit Hilfe einer Wissenschaft gelingen, die es als ihre Aufgabe betrachte, anhand objektiver Maßstäbe eine demokratische Moral zu entwickeln. Durkheims Schulzeit verläuft problemlos; er überspringt gar zwei Klassen (Müller 2009: 7f.). Schwieriger hingegen gestaltet sich die Aufnahme an der École Normale Supérieure (ENS), Frankreichs intellektueller Kaderschmiede, deren Absolventen die Tür zu einer Professorenlaufbahn im Regelfall weit offen stand. Erst im dritten Anlauf besteht Durkheim die Aufnahmeprüfung – was in ihm nachhaltige Minderwertigkeitsgefühle auslöste (Šuber 2012: 13ff.). Während seines Studiums lernt Durkheim die Schriften von Auguste Comte und Herbert Spencer kennen; geprägt wird er darüber hinaus von seinen Lehrern Denis Fustel und Émile Boutroux. In diesem anregenden Kontext entwickelt er wesentliche Standpunkte seines soziologischen Denkens, allen voran den Wunsch nach einer Versöhnung von Individualismus und Sozialismus – einer Dialektik, die durchaus als Grundmotiv der Soziologie gelten kann.

Ab 1882 arbeitet Durkheim, wie für Absolventen der ENS üblich, zunächst für einige Jahre als Philosophie-Lehrer an verschiedenen französischen Gymnasien. Im Schuldienst jedoch fühlt er sich nicht sonderlich wohl und betätigt sich daher nebenberuflich als Rezensent wissenschaftlicher Schriften. Während eines Deutschlandaufenthalts im Jahr 1886 lernt er in Leipzig die innovative Experimentalpsychologie Wilhelm Wundts kennen sowie in Berlin und Marburg den Kathedersozialismus. Nach seiner Rückkehr nach Frankreich heiratet er Louise Dreyfus, mit der er zwei Kinder bekommen wird. 1887 tritt Durkheim seine erste Dozentur an: als Dozent für Pädagogik in Bordeaux. Schnell macht er sich innerhalb der Wissenschaftsgemeinde einen Namen – auch weil er seine öffentlichen Vorlesungen dazu nutzt, erstmals an einer französischen Universität soziologische Analysen zu präsentieren. Seine 15-jährige Tätigkeit in Bordeaux ist eine extrem arbeitsame Lebensphase, die seine Gesundheit an ihre Grenzen bringt (Šuber 2012: 29ff.). Neben seinen beiden Dissertationsschriften – seinerzeit war es in Frankreich üblich, sowohl eine lateinische als auch eine französische Arbeit zu verfassen – publizierte er zahlreiche Aufsätze, Rezensionen und zwei weitere seiner Hauptwerke. 1894 kam es zu einer Umwidmung seiner Dozentur: Fortan war Durkheim auch offiziell als Dozent für Soziologie tätig – ein Titel, den er sicherlich mit einigem Stolz trug. 1902 ging ein weiterer Traum Durkheims in Erfüllung: Er wurde als Dozent an die traditionsreiche Pariser Sorbonne berufen. Auch hier gerieten seine Vorlesungen zu legendären Massenveranstaltungen, und spätestens mit der Veröffentlichung seines Hauptwerks „Die elementaren Formen des religiösen Lebens“ im Jahr 1912 wurde Durkheim weltweit bekannt. Mit Beginn des Ersten Weltkrieges jedoch wurden zahlreiche seiner Mitarbeiter eingezogen; viele begonnene Projekte, wie beispielsweise ein geplantes Opus Magnum mit dem Titel „Die Moral“, mussten eingestellt werden. Bereits im zweiten Kriegsjahr fiel sein Sohn André – ein Schicksalsschlag, von dem sich Durkheim nie völlig erholen sollte. Er starb 1917 im Alter von 59 Jahren.

15. April 1858	Geburt in Lothringen
1879	Studium der Philosophie an der École Normale Supérieure in Paris
1882	Agrégation und Beginn des Schuldienstes als Lehrer an verschiedenen Gymnasien
1886	Auslandsaufenthalt in Leipzig, Berlin und Marburg
1887	Dozent für Pädagogik an der Universität Bordeaux
1892	Promotion zum Dr. phil.
1894	Professor für Pädagogik und Soziologie an der Universität Bordeaux
1898	Gründung des Jahrbuchs Année Sociologique
1902	Dozent für Pädagogik und Soziologie an der Sorbonne, Paris
1913	Professor für Pädagogik und Soziologie an der Sorbonne, Paris
17. November 1917	Verstorben in Paris

Durkheims wissenschaftliche Arbeiten machen ihn heute zu einem der wichtigsten Klassiker der Soziologie. Zu seinen Hauptwerken zählen:

Durkheim, Émile (1893/1992) Über soziale Arbeitsteilung. Studie über die Organisation höherer Gesellschaften. Frankfurt/Main: Suhrkamp.
Durkheim, Émile (1895/1961) Die Regeln der soziologischen Methode. Neuwied: Luchterhand.
Durkheim, Émile (1897/1983) Der Selbstmord. Frankfurt/Main: Suhrkamp.
Durkheim, Émile (1912/1998) Die elementaren Formen religiösen Lebens. Frankfurt/Main: Suhrkamp.

Betrachtet man den Ursprung sozialstruktureller Theorien in Hinblick auf abweichendes Verhalten, fällt der Blick auf die Anomietheorie von Émile Durkheim, die er bereits 1895 und 1897 formulierte.

Er sah Delinquenz als eine „Kehrseite jeder sozialen Regelung“ (Schwind 2013: 141), als Stabilisierungsfaktor für das Normsystem von Gesellschaften. Grundlage ist, dass der Mensch danach strebt, seine Bedürfnisse zu befriedigen und seine Vorstellungen umzusetzen. Um dies gesellschaftlich in Bahnen zu lenken, in denen die Freiheit des Einzelnen die der anderen nicht verletzt, bedarf es äußerer Mechanismen, die Leitplanken des Tuns etablieren, indem nicht toleriertes Verhalten als solches durch nach außen sichtbare Konsequenzen gekennzeichnet wird. Wenn abweichendes Verhalten sanktioniert wird, markiert dieser Vorgang zugleich die Grenzen des Erlaubten und festigt somit die Norm und deren Konsens.

Gerät dieses System jedoch in Dysbalance und die Kriminalitätszahlen steigen stark an, weil soziale Krisen den Einfluss geltender Normen in Frage stellen, besteht die Gefahr, dass die als Anomie bezeichnete Regellosigkeit die gesellschaftliche Ordnung zerstört. Eine Krise, die durch gleichermaßen Katastrophen wie plötzliche Prosperität verursacht werden kann, kann folglich den Verlust von gemeinsamen „Verbindlichkeiten, Erwartungen und Regelsätzen“ auslösen (Hüpping 2005: 23). Je akzeptierter dabei die Normen in der Bevölkerung vor dem Zustand der Anomie waren, umso unwahrscheinlicher ist Devianz (Durkheim 2020).

Durkheim formulierte diese Annahmen vor dem Hintergrund der Analyse gesellschaftlicher Transformationsprozesse, die durch Industrialisierung, Arbeitsteilung und Urbanisierung ausgelöst wurden. Mit diesen einher ging eine Abnahme der Verbindlichkeit traditioneller Werte und Bezugsrahmen und damit fehlende „kollektive moralische Prinzipien“, die dem Individuum normative Orientierung boten (Eifler 2002: 18). Die Idee der Chancengleichheit und der sozialen Mobilität für jeden, vermittelt durch institutionelle Einrichtungen wie Gewerkschaften und Neuerungen wie die Schulpflicht, wurde nicht verwirklicht. Im Gegenteil: Soziale Ungleichheiten wurden verfestigt und die Bedeutung vormals richtungsweisender Instanzen wie Familien schwand (Singelnstein/Kunz 2021: 117–118). Folge war ein Anstieg der Delinquenz über das „von Durkheim als »normal« definierte Maß hinaus“ (Eifler 2002: 18). Aufgrund dieser makrostrukturellen Ursachen sah Durkheim keine individuellen oder im sozialen Nahfeld verorteten Auslöser für die Unfähigkeit der Gesellschaft „die Mittel individueller Bedürfnisbefriedigung zu kontrollieren“ (Singelnstein/Kunz 2021: 118). Vielmehr konstatierte er für diese Entwicklung eine krankhafte Sozialstruktur, die er als Anomie bezeichnet. Die Beständigkeit dieser Theorie lässt sich auch und vor allem dadurch erklären, dass vermehrtes Auftreten von Kriminalität in Zeiten gesellschaftlicher Modernisierungsprozesse in unserer postmodernen, individualisierten Zeit diversifizierter Normvorstellungen nach wie vor hochaktuell ist (Singelnstein/Kunz 2021: 119).

ROBERT KING MERTON

Robert King Merton wurde am 5. Juli 1910 in Philadelphia, Pennsylvania, USA, als Sohn von Aaron Schkolnickoff und Ida Rasovskaya als Meyer Robert Schkolnick geboren. Seine Kindheit war geprägt von finanziellen Nöten, die sich durch einen Brand des Geschäfts seiner Eltern, die als russische Juden im Jahr 1904 in die USA eingewandert waren, verschlimmerten. Roberts erstes Interesse war die Zauberei, die er unter den Namen Merton auch öffentlich betrieb.

Nach dem Besuch der High School erhielt er ein Stipendium an der ‚Temple University', die er ab 1927 besuchte und ein frühes Interesse an der Soziologie entwickelte. Es folgte eine Bewerbung an der ‚Harvard University', wo er unter anderem mit Pitirim A. Sorokin arbeitete. Gleichsam beeinflusst wurde er von einem weiteren dort tätigen Soziologen, Talcott Parsons, und dessen Forschungen zum Strukturfunktionalismus. Während Parsons jedoch Theorien entwickelte, die soziales Handeln auf der Makroebene zu erklären suchten, wandte sich Merton eher Theorien mittlerer Reichweite zu, die sich auf spezifisch abgegrenzte, dynamische Aspekte menschlicher Interaktion fokussierten. Er promovierte 1936.

Im Jahr 1939 folgte seine erste Professur für Soziologie an der ‚Tulane University', bevor er 1941 an die ‚Columbia University' wechselte, wo er die kommenden fünf Jahrzehnte bleiben sollte.

Zu seinen Forschungsbereichen gehörten die Rollentheorie, wonach Individuen in soziale Strukturen eingebunden sind, die ihre Perspektive definieren und die Wahl ihrer Handlungen im Sinne der Rational-Choice-Theorie bestimmen. Hierzu zählen Bezugsgruppen, deren Mitglied man ist oder deren Mitglied man gerne wäre. Weiter forschte Merton zur ‚self fulfilling prophecy', Ereignissen, die eintreten, weil man ihr Eintreten antizipiert hat. Situationen können also von Individuen geprägt werden, wie er beispielweise anhand des Matthäus-Effekts verdeutlichte: Ein hoher Status führt zu besseren Möglichkeiten, diesen Status weiter auszubauen. Je bekannter zum Beispiel ein Wissenschaftler ist, desto eher wird er in Fachzeitschriften zitiert und desto mehr steigt der Bekanntheitsgrad. Einen weiteren wesentlichen Beitrag leistete Merton hinsichtlich der Anomietheorie und der Erklärung abweichenden Verhaltens, dessen Ursachen er in der Diskrepanz zwischen kulturellen Zielen einer Gesellschaft und legitimen Mitteln zum Erreichen dieser Ziele im Individuum verortete.

Aufgrund seiner bahnbrechenden Arbeiten wurde Merton nicht nur Mitglied der ‚National Academy of Sciences', sondern auch der erste Amerikaner, der einen Platz in der ‚Royal Swedish Academy of Sciences' erhielt. Im Laufe seiner Karriere erhielt er Ehrenddoktorwürden von mehr als 20 Universitäten auf der ganzen Welt und wurde 1994 mit der ‚US National Medal of Science' ausgezeichnet.

Robert K. Merton war zweimal verheiratet und hat drei Kinder aus seiner ersten Ehe mit Suzanne Carhart. Sein Sohn Robert Carhart Merton erhielt 1997 einen Wirtschaftsnobelpreis. Seine zweite Frau war Harriet Zuckerman, ebenfalls Soziologin. Robert King Merton starb am 23. Februar 2003 in New York City im Alter von 92 Jahren.

05. Juli 1910	Geburt in Philadelphia, Pennsylvania, USA
1927	Studium der Soziologie, Philosophie und Biologie an der Temple University in Philadelphia
1936	Promotion in Soziologie an der Harvard University in Cambridge
1939	Professor für Soziologie an der Tulane University in New Orleans
1941	Assistant Professor für Soziologie an der Columbia University in New York City
1942	Associate Director des Bureau of Applied Social Research in New York City
1947	Full Professor für Soziologie an der Columbia University in New York City
1979:	Emeritierung
1994:	Verleihung der National Medal of Science
23. Februar 2003	verstorben in New York City, New York, USA

Zu seinen wichtigsten Werken gehören:

Merton, Robert K. (1938) Social Structure and Anomie, American Sociological Review 3 (5): 672–682.

Merton, Robert K. (1949) Social Theory and Social Structure: Toward the Codification of Theory and Research. Glencoe: The Free Press.

Merton, Robert K. (1965) On the shoulders of giants: A Shandean Postscript. New York: The Free Press.

Merton, Robert K. (1968) The Matthew Effect in Science, Science 159 (3810): 56–63.

Merton, Robert K. (1996) On social structure and science. Chicago: University of Chicago Press.

Die Durkheim'schen Überlegungen wurden von Robert K. Merton in seinem Aufsatz ‚Social Structure and Anomie' (1938) auf eine andere Gesellschaftsform übertragen und entscheidend weiterentwickelt. Er sah die USA seiner Zeit als sozial stabil, jedoch mit einer konstant hohen Kriminalitätsbelastung konfrontiert, vor allem aus den unteren Schichten der Gesellschaft (Singelnstein/Kunz 2021:

119–120). Seiner Erklärung nach liegt die Ursache hierfür in einer Differenz aus kultureller und sozialer Struktur: Gibt die kulturelle Seite vor, welche Ziele gesellschaftlich erstrebenswert und welche Wege dorthin legitim sind, erzeugt die soziale Seite soziale Ungleichheit hinsichtlich der Chancen von Individuen, diese Wege auf konforme Art zu beschreiten.

Als Beispiel für allgemein anerkannte Ziele können Wohlstand und Prestige gelten, die den Inhabern Ansehen einbringen, Personen ohne diese Merkmale jedoch negative Zuschreibungen. Da nicht alle Mitglieder einer Gesellschaft über gleiche Voraussetzungen verfügen, produziert dieses Anerkennungssystem automatisch Verlierer: Menschen, die aufgrund ihrer sozialen Lage Anerkennung mit normkonformen Mittel nicht oder nur vergleichsweise schwer erreichen können und unter dem Druck dieser Anomie nicht-normkonforme Mittel einsetzen.

Merton formuliert fünf individuelle Verhaltensmuster als Antwort auf diesen Konflikt (siehe Abbildung 8).

kulturelle Ziele	**institutionalisierte Mittel**	
+	+	= Konformität
+	–	= Innovation
–	+	= Ritualismus
–	–	= Rückzug
neu	neu	= Rebellion

Abb. 8: Arten der Anpassung (Singelnstein/Kunz 2021: 121)

Wird die Akzeptanz kultureller Ziele bejaht, ergibt sich Konformität, wenn auch die institutionalisierten Mittel zur Zielerreichung vorliegen oder nur diese verwendet werden. Im Falle der Innovation greift das Individuum zu illegitimen Mitteln, Kriminalität entsteht. Bedingung hierfür ist, dass das Erreichen der Ziele gegenüber der Normkonformität priorisiert wird. Ritualismus liegt vor, wenn für das Individuum Normkonformität Gebot ist, die kulturellen Ziele der Gesellschaft jedoch nicht verfolgt werden. Anders beim Rückzug: Hier werden weder Ziele noch Mittel akzeptiert, diese Personen verweigern sich den Kernvorgaben der Gesellschaft. Eine weitere skizzierte Anpassung ist die Rebellion, die beide Seiten, Ziele und Mittel, durch Alternativen zu ersetzen sucht (Singelnstein/Kunz 2021: 121–122). Ergänzend hinzuzufügen ist, dass auch Mischformen dieser typischen Anpassungen üblich sind.

Auch wenn das Konzept Mertons die typische Kriminalität oberer Schichten ausklammert und eine Einheitlichkeit gesellschaftlich akzeptierter Ziele und Mittel unterstellt, die in postmodernen Gesellschaften zunehmend schwieriger herzustellen sein dürfte, bleibt ihr jedoch eine Erklärungskraft erhalten, die universell erscheint: die Erklärung abweichenden Verhaltens als Antwort auf sozialstrukturelle Bedingungen und den damit verbundenen ungleichen Lebenschancen (Singelnstein/Kunz 2021: 122). Denn Ziele werden gesamtgesellschaftlich und häufig durch Vertreter oberer Schichten gebildet, während die Mittel zu deren Erreichung ungleich verteilt und somit sozialstrukturell stratifiziert sind. Soziale Ungleichheit ist Ursache von Anomie, die aber nicht zwangsläufig stattfindet, sondern als Antwort auf spezifische Situationen dient. Wird dieser Mechanismus verinnerlicht, können innovative Subgruppen entstehen, in denen Delinquenz ein legitimes Mittel zur Zielerreichung darstellt. Durch zum Beispiel Diebstahl von Markenkleidung kann ein deviant handelnder Jugendlicher viel Anerkennung von seiner peer group erfahren und somit das übergeordnete Ziel erreichen, wobei dem gesamtgesellschaftlich als illegitim etikettierten Mittel eine Legitimität seitens der Subgruppe zugeschrieben wird.

2.5 Zusammenfassung

Dieses Kapitel befasste sich mit dem Zusammenhang von Sozialstruktur und Kriminalität.

Menschen haben unterschiedliche Lebenschancen, die darauf beruhen, dass die zur Erreichung gesamtgesellschaftlich akzeptierter Ziele benötigten Ressourcen ungleich verteilt sind. Sozialstrukturelle Ansätze stratifizieren Menschen in unterschiedliche Gruppen, um eine analytische Basis für empirische und theoretische Untersuchungen zu haben. Diese sind, seien es Klassen, Schichten oder soziale Lagen, typischerweise vertikal konnotiert, verdeutlichen so schon rein semantisch eine Über- und Unterordnung und implizieren die Gelegenheit zu sozialer Mobilität; mit legitimen, aber auch illegitimen Mitteln. In Bezug auf Kriminalität wurde der Zusammenhang aufgezeigt, dass soziale Ungleichheit und abweichendes Verhalten eng miteinander verknüpft sind. Da sich der soziale Tatbestand der sozialen Ungleichheit auf alle Bereiche des gesellschaftlichen Zusammenlebens erstreckt, bedurfte es eines Gegenstands, um diesen Zusammenhang zu verdeutlichen. Hierzu bediente sich das Kapitel des Themenbereiches der städtischen Segregation, deren Ursachen, Ausprägungen und Folgen.

Es wurde gezeigt, dass die Verteilung von Menschen im postmodernen, städtischen Raum Transformationsprozessen unterliegt, die strukturell Gewinner und Verlierer hervorbringen und soziale Ungleichheit manifestieren. Findet eine konstante Verdrängung bestimmter Bevölkerungsschichten statt, von der insbesondere im globalen Maßstab zunehmend auch Gruppierungen jenseits der klassischen „Unterschichten“ betroffen sind (Gentrifizierung), finden sich in bestimmten Stadtteilen seit jeher eher jene wieder, die sich am unteren Rand der

Verteilung relevanter Ressourcen befinden. An diesen Orten der Exklusion wirken Prozesse der Ausgrenzung, die sich im Habitus der Bewohner verfestigen und deutlich von jenem der Menschen unterscheiden, die sich hinter die Mauern der gated communities zurückziehen.

Ein Blick auf die jüngere Forschung zeigt, dass ein Zusammenhang zwischen Sozialstruktur und sozialer Kontrolle als Regulierungsinstrument von abweichendem Verhalten festgestellt werden kann. Incivilities und zerbrochene Fenster führen zur Verfestigung schlechter Reputationen und letztlich einer benachteiligten Bewohnerstruktur von Stadtgebieten. Die Verfestigung bestimmter Benachteiligungsmuster innerhalb der Bewohnerschaften kann über das Erlernen devianter Normen und Verhaltensweisen zu Kriminalität führen, wenn eine positive Bewertung der Normverletzung seitens der differentiellen Kontakte eine negative Bewertung überwiegt. Und: Routineaktivitäten der Bewohner als mikrosoziologische Ausprägungen makrosoziologischer Mechanismen bieten unterschiedliche Gelegenheiten für unterschiedliche Deliktarten und haben auf diesem Weg einen Einfluss auf Kriminalitätsraten.

Diese Mechanismen sind anschlussfähig an Klassiker der Forschung zu Sozialstruktur und Kriminalität. Die Theorie der sozialen Desorganisation als Repräsentant der Chicago School sieht die Ursache für Kriminalität nicht im Individuum, sondern in der Etablierung alternativer Normsysteme in benachteiligten Wohngebieten. Diese ergeben sich neben sozio-ökonomischen Merkmalen vor allem aus dem Fehlen formeller und informeller Instanzen sozialer Kontrolle (siehe Kriminalität und soziale Kontrolle, Kapitel 4.). Die Anomietheorie von Durkheim sieht Kriminalität als normale Begleiterscheinung menschlicher Zivilisation und hält Normkonformität für erklärungsbedürftig: Erst die Sanktionierung von Devianz ermöglicht gesellschaftlich normative Stabilität. Merton fokussierte diese Überlegungen auf die von ihm konstatierte Diskrepanz zwischen gesellschaftlich als erstrebenswert markierten Zielen und der unterschiedlich verteilten Chancen von Individuen, die Ziele mit legitimen Mitteln zu erreichen.

Die Organisation einer Gesellschaft und ihres Zusammenwirkens wird durch sozialstrukturelle Bedingungen geprägt, hier bezogen auf die Ungleichverteilung sozial relevanter Ressourcen. Eine Implikation dieser sozialen Ungleichheit ist nicht nur die städtische Segregation, sondern dass Menschen unterschiedliche Lebenschancen und sozialstrukturelle Möglichkeiten haben, um kulturell als erstrebenswert geltende Ziele mit legitimen Mitteln zu erreichen.

3. Kriminalität und Sozialisation

Sozialisation wird nach Berger und Luckmann als lebenslanger Prozess verstanden, der die „grundlegende und allseitige Einführung des Individuums in die objektive Welt einer Gesellschaft oder eines Teiles einer Gesellschaft" beschreibt (Berger/Luckmann 2018: 140–141). Im Prozess der Internalisierung werden objektiv beobachtbare Interaktionen, die von anderen mit subjektivem Sinn verbunden sind, vom Individuum selbst interpretiert und mittels der Signifikanz, dem Wissen um ihre Bedeutung für das Verständnis der konstruierten Wirklichkeit, mit einem eigenen subjektiven Sinn versehen. Die Externalisierung beschreibt den Prozess der Einwirkung nach außen und damit der Gestaltung der gesellschaftlichen Wirklichkeit durch das Individuum selbst (Berger/Luckmann 2018: 139f.).

Berger und Luckmann unterscheiden dabei primäre und sekundäre Sozialisationsinstanzen. Die primäre Sozialisation bezieht sich auf die Kindheit, in der das Individuum durch „signifikante Andere", in der Regel die Familie, in die bzw. deren Gesellschaft eingeführt wird (Berger/Luckmann 2018: 141). Durch emotional begründete Identifikation mit den signifikanten Anderen wird eine Internalisierung von Normen und sozialen Rollen möglich. Im weiteren Verlauf erlangt das Individuum die Fähigkeit der Abstraktion: Von den signifikanten Anderen und deren Konstruktion der Realität wird auf das „generalisierte Andere" (Berger/Luckmann 2018: 143f.) geschlossen und das Individuum formt seine Identität anhand des Norm- und Rollenangebots, das es gesamtgesellschaftlich, zumindest aber jenseits dieses recht eng umrissenen Personenkreises kennenlernt. Dieser Prozess, die Objektivierung, sorgt für Intersubjektivität und sorgt für ein auf Dauer angelegtes Verhältnis zwischen objektiver und subjektiver Wirklichkeit, das jedoch nach wie vor stark von den signifikanten Anderen geprägt wird (Berger/Luckmann 2018: 144). Die Phase der primären Sozialisation gilt als abgeschlossen, wenn ein Individuum „ein nützliches Mitglied der Gesellschaft und subjektiv im Besitz eines Selbst und einer Welt" ist (Berger/Luckmann 2018: 148). An diesem Punkt beginnt die sekundäre Sozialisation, in der das Erlernte mit der Konstruktion der Wirklichkeit der generalisierten Anderen abgeglichen und fortwährend in Zusammenhang gebracht wird. Die größer werdende Welt wird also vor dem Hintergrund der bisher gemachten Erfahrungen interpretiert. Als Instanzen gelten hier vor allem institutionalisierte „Funktionäre" (Berger/Luckmann 2018: 152) wie die Schule, aber auch die peer group, die eigenes „Spezialwissen" zu Einstellungen, Verhalten und Fähigkeiten zur Verfügung stellen, welches in das Gesamtbild integriert werden muss (Berger/Luckmann 2018: 148f.). Es geht also weniger um Normen und Grundwissen über das gesamtgesellschaftliche Zusammenleben wie in der primären Phase, sondern eher um spezifisches Wissen, dessen Wert für jene Subwelten entscheidend ist, in denen sich das Individuum aufhält (Berger/Luckmann 2018: 149). In dieser Phase bedarf es keiner vergleichbaren emotionalen Verbindung, da Funktionsträger der Instanzen sekundärer Sozialisation austauschbarer und anonymer sind als diejenigen der primären Phase. Ein Beispiel wäre hier die Gegenüberstellung von Mutter und Lehrer (Berger/Luckmann 2018: 152f.).

PETER L. BERGER

Peter Ludwig Berger wurde am 17. März 1929 in Wien als Sohn einer jüdischen Familie geboren, die während des Nationalsozialismus nach Palästina fliehen musste. 1946 emigrierte er in die USA, wo er zunächst am Wagner College und später an der New School for Social Research Soziologie und Theologie studierte. Bei seiner Ankunft in New York hatte Berger den festen Wunsch, evangelischer Pfarrer zu werden. Um mit der amerikanischen Gesellschaft vertraut zu werden, erschien ihm ein Soziologiestudium jedoch zweckmäßiger. Dabei kam er mit der europäischen Tradition der Geistes- und Sozialwissenschaften in Berührung, die ihn für sich einnahm (Pfadenhauer 2017). An der New School for Social Reasearch lernte Berger auch Thomas Luckmann kennen (vgl. Kap. 3.3.1); 1952 wurde er dort im Fach Soziologie promoviert.

Ab 1955 beschäftigte sich Berger als Studienleiter an der Evangelischen Akademie Bad Boll mit den Themen Religion und Kirche in Deutschland. Schnell jedoch zog es ihn zurück an eine amerikanische Universität: Ab 1956 lehrte und forschte er an der University of North Carolina, ab 1958 am Hartford Theological Seminary. 1959 heiratete er die Soziologin Brigitte Kellner, mit der er zwei Söhne bekommen und einige seiner Publikationen verfassen sollte. Im Jahr 1963 wurde Berger an die New School for Social Research berufen. Damit gingen für ihn gleich zwei Wünsche in Erfüllung: Er unterrichtete nun an einer soziologischen Fakultät und traf auf jenes anregende intellektuelle Klima, für das die New Yorker Universität bekannt war (Pfadenhauer 2017). In diese Zeit fallen einige seiner wichtigsten Veröffentlichungen: In „Zur Dialektik von Religion und Gesellschaft" (1967) formulierte er Grundlagen der Säkularisierungstheorie, mit „Die gesellschaftliche Konstruktion der Wirklichkeit" (1966) verfasste er gemeinsam mit Thomas Luckmann eines der wichtigsten Werke des Sozialkonstruktivismus. Darüber hinaus hat er einige vielgelesene Einführungsbücher in die Soziologie verfasst, beispielsweise die „Einladung zur Soziologie" (1963).

1971 wurde Berger als Professor für Soziologie an die Rutgers University in New Brunswick berufen, 1981 an die Boston University. 1985 gründete er das Institute on Culture, Religion and World Affairs, das sich in Anschluss an Webers Protestantismusthese (vgl. Kap. 2.3.3) mit dem Verhältnis von Kultur und Ökonomie befasst. Berger zählt zu den bedeutendsten deutschsprachigen Religionssoziologen. Er erhielt zahlreiche Auszeichnungen, darunter den Ludwig-Wittgenstein-Preis der Österreichischen Forschungsgemeinschaft und das Große Silberne Ehrenzeichen für die Verdienste um die Republik Österreich sowie Ehrendoktorwürden der Universitäten München (LMU), Chicago, Genf und Notre Dame. Im Alter von 88 Jahren starb Berger am 27. Juni 2017 nach kurzer Krankheit in Brookline, Massachusetts.

17. März 1929	Geburt in Wien
1946	Studium der Soziologie und Philosophie am Wagner College und der New School for Social Reasearch in New York
1952	Promotion
1955	Studienleiter an der Evangelischen Akademie Bad Boll
1956	Assistant Professor an der University of North Carolina
1958	Lehrtätigkeit am Hartford Theological Seminary
1963	Professor für Soziologie an der New School for Social Reasearch in New York
1971	Professor für Soziologie an der Rutgers University in New Brunswick
1981	Professor für Soziologie und Theologie an der Boston University
1985	Gründungsdirektor des Institute on Culture, Religion and World Affairs
27. Juni 2017	Verstorben in Brookline, Massachusetts

Zu Bergers wichtigsten Werken zählen:

Berger, Peter L. (1963/1969) Einladung zur Soziologie. Eine humanistische Perspektive. Freiburg: Walter.

Berger, Peter L./Thomas Luckmann (1966/1969) Die gesellschaftliche Konstruktion der Wirklichkeit. Eine Theorie der Wissenssoziologie. Frankfurt/Main: Fischer.

Zu beachten ist darüber hinaus Bergers Blog, in dem er bis kurz vor seinem Tod soziologische Analysen veröffentlicht hat: https://www.the-american-interest.com/v/peter-berger/.

THOMAS LUCKMANN

Thomas Maria Theodor Luckmann wurde am 14. Oktober 1927 im slowenischen Jesenice geboren. Als Sohn einer slowenischen Mutter und eines österreichischen Vaters wuchs er zweisprachig auf und kam bereits früh mit unterschiedlichen Kulturen in Berührung. Nach der Annexion Sloweniens durch die Nationalsozialisten und dem gewaltsamen Tod seines Vaters zog Luckmann 1943 mit seiner Mutter nach Wien, wo er bald zum Wehrdienst eingezogen wurde und wenig später in Kriegsgefangenschaft geriet. Zurück in Wien absolvierte Luckmann 1947 die Kriegsmatura und begann sein Studium an der hiesigen Universität. Zu seinem ausgesprochen breiten Fächerspektrum zählten Sprachwissenschaften, Philosophie, Ägyptologie, französische Philologie und Psychologie. 1948 wechselte er nach Innsbruck und belegte zusätzlich die Fächer Geschichte und Germanistik. Hier lernte er auch seine spätere Ehefrau Benita Petcevič kennen. Zeitgleich bewarb sich Luckmann in Paris, Oxford und Yale um ein Auslandsstipendium – von jeder (sic!) dieser Universitäten erhielt er ein entsprechendes Angebot. Da seine Ehefrau 1950 ein Stipendium in Connecticut annahm, folgte ihr Luckmann 1951 in die USA, um bald darauf Vater zweier Töchter und amerikanischer Staatsbürger zu werden. Einer Reihe von Zufällen ist es zu verdanken, dass das Ehepaar schließlich gemeinsam an der New School for Social Research in New York studieren konnte (Schnettler 2006).

In New York studierte Luckmann unter anderem bei Alfred Schütz und Carl Mayer. Darüber hinaus begegnete er hier Peter L. Berger, mit dem er später sein sozialkonstruktivistisches Hauptwerk „Die gesellschaftliche Konstruktion der Wirklichkeit" verfassen sollte (vgl. Kap. 4.3.2). Berger begeisterte ihn zudem für religionssoziologische Fragen; mit einer einschlägigen Dissertationsschrift wurde Luckmann 1956 denn auch im Fach Soziologie promoviert. Im Anschluss lehrte er zunächst am Hobart College in Geneva, New York. Ab 1960 war er als Assistant Professor an der New Yorker New School tätig. 1965 folgte Luckmann dem Ruf an die Goethe-Universität in Frankfurt am Main, wo seine dritte Tochter geboren wurde. Bereits fünf Jahre später nahm er einen Ruf an die Universität Konstanz an. Der besondere Reiz der dort neugegründeten Reformuniversität bestand für Luckmann in den hervorragenden Arbeitsbedingungen und der Möglichkeit zu interdisziplinärer Zusammenarbeit mit Literaturwissenschaftlern und Linguisten.

Neben der Religions- und Wissenssoziologie befasste sich Luckmann nun immer intensiver mit der soziologischen Analyse von Sprache und Kommunikation. In Konstanz lehrte und forschte Luckmann – unterbrochen von Auslandsaufenthalten in Wien, Salzburg, Trondheim, Linköping, Cambridge, Stanford und Australien – bis zu seiner Emeritierung im Jahr 1994. Im Alter von 88 Jahren verstarb er am 10. Mai 2016 in seiner Wahlheimat Kärnten. Noch zu Lebzeiten hatte er bereits zu den international anerkanntesten und meistrezipierten (Sozial-) Wissenschaftlern aus dem deutschsprachigen Raum gehört (Knoblauch 2005).

14.Oktober 1927	Geburt in Jesenice, Slowenien
1947	Studium der Sprachwissenschaft, Philosophie, Ägyptologie, Philologie und Psychologie an den Universitäten Wien und Innsbruck
1951	Fortsetzung des Studiums an der New School for Social Research in New York
1956	Promotion, anschließend Lehrbeauftragter am Hobart College in Geneva, New York
1960	Assistant Professor an der New School for Social Research in New York
1965	Professor für Soziologie an der Goethe-Universität in Frankfurt am Main
1970	Professor für Soziologie an der Reformuniversität Konstanz
1994	Emeritierung
10. Mai 2016	Verstorben in Kärnten

Zu den Hauptwerken Luckmanns zählen:

Berger, Peter L./Thomas Luckmann (1966/1969) Die gesellschaftliche Konstruktion der Wirklichkeit. Eine Theorie der Wissenssoziologie. Frankfurt/Main: Fischer.

Luckmann, Thomas (1967/1991) Die unsichtbare Religion. Frankfurt/Main: Suhrkamp.

Schütz, Alfred/Thomas Luckmann (1973/1979) Strukturen der Lebenswelt. Frankfurt/Main: Suhrkamp.

Hinzuweisen ist darüber hinaus auf die 2007 von Jochen Dreher herausgegebene Sammlung von Aufsätzen Luckmanns mit dem Titel „Lebenswelt, Identität und Gesellschaft".

3.1 Die Ursachen der Delinquenz

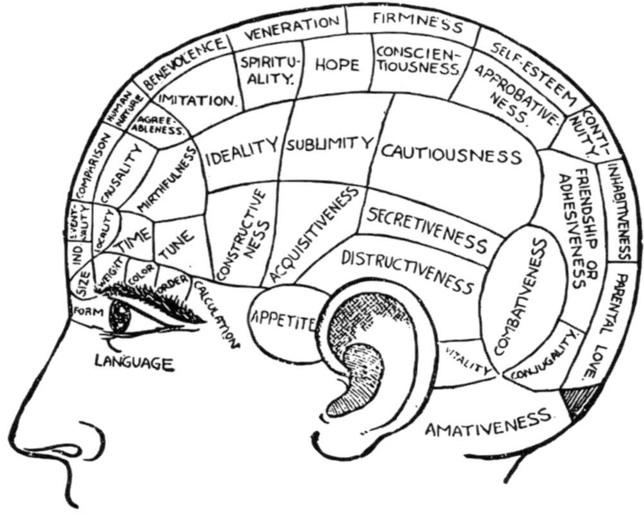

Wenn ein Mensch also im Prozess der Sozialisation mit abweichenden Normvorstellungen konfrontiert wird, kann dann auch Kriminalität durch Sozialisation erlernt werden? Oder liegen die Ursprünge in beispielsweise genetischen Dispositionen des Individuums? Über eine lange Zeit herrschte in der Wissenschaft weitgehend die Ansicht, dass die Ursachen für Delinquenz in der Biologie des Menschen zu suchen sind. Genetische und/oder neurologische Merkmale schienen ausschlaggebend für deviante Verhaltensweisen. Ausgehend von den Forschungen zur Phrenologie des Cesare Lombroso zielte das Konzept des „Uomo delinquente" (1876) darauf, Normabweichungen taxonomisch begründen zu können und so Menschen anhand physischer wie psychischer Merkmale zu identifizieren, die eher als andere zur Delinquenz neigen würden. Diese Personen wurden als atavistisch, also von ihren unzivilisierten Trieben gesteuert, betrachtet, sie waren aufgrund ihrer anthropologischen Dispositionen zwangsläufig für Kriminalität prädestiniert. Zwar hielt der Einfluss der sozialen Umwelt, insbesondere über die empirischen Arbeiten zur Moralstatistik von André-Michel Guerry (1833) und Adolphe Quételet (1848) und später bei Franz von Liszts Anlage-Umwelt-Formel (ab 1892; von Liszt 2021) auch in diesen Theoriebereich Einzug. Jedoch unterschied sich diese Perspektive essentiell von der heute deutlich weiter verbreiteten Sichtweise, wonach äußere Faktoren wie die Sozialisation eine entscheidende Rolle spielen können.

Die Prägung des Individuums durch verschiedene Sozialisationsinstanzen birgt das Potential zur Vermittlung devianter Denk- und Handlungsmuster. Delinquenz wird demnach auf dem gleichen Weg erlernt wie Normkonformität, je nachdem, welchen Instanzen das Individuum begegnet und welche Bedeutung diesen für die Formung der eigenen Identität zugeschrieben wird. Der Beginn der theoretischen Betrachtung von Lernprozessen im Bereich der Delinquenz kann mit den Gesetzen der Nachahmung von Gabriel Tarde (1890; 2009) markiert werden. Auf Basis der Arbeiten der Chicago School (siehe Kapitel 2.4.1) fand dieser Ansatz durch Sutherlands Theorie der differentiellen Kontakte (siehe Kapitel 2.3.2) Einzug in die breite wissenschaftliche Diskussion und wurde vor allem durch Daniel Glaser (These der differentiellen Identifikation, 1956), Richard A. Cloward und Lloyd E. Ohlin (Theorie der differentiellen Gelegenheiten, 1960) sowie Ronald L. Akers (Theorie des sozialen Lernens, 1977) weiterentwickelt (siehe Diskussion, Kapitel 5).

Im Folgenden wird abweichendes Verhalten und Delinquenz anhand des Gegenstands der politischen Radikalisierung auf Sozialisationsprozesse bezogen. Individuelle und kollektive Normbrüche dieses Bereichs stellen nicht nur aktuell, sondern auch langfristig eine Herausforderung für freiheitliche Gesellschaften dar, deren Begegnung durch die Gesellschaft und deren Institutionen häufig eine Grauzone betrifft: Was müssen freie Gesellschaft aushalten und wo ziehen sie die Grenzen der Toleranz?

3.2 Radikalisierungsprozesse

Nicht nur die Zahlen des Verfassungsschutzberichts zeigen, dass sowohl das Personenpotential als auch die Zahl politisch motivierter Straftaten in den letzten Jahren auf beiden Seiten des politischen Spektrums konstant hoch war und teilweise anstieg. Hinzu finden neue Gruppen mit verfassungsfeindlichen Bestrebungen ihren Weg in die Dokumentation, das Spektrum wird beispielsweise durch „Reichsbürger", „Selbstverwalter" oder „Verfassungsschutzrelevante Delegitimierung des Staates" zunehmend breiter (Bundesministerium des Innern und für Heimat 2022). Die Spaltung der Gesellschaft und eine damit einhergehende Radikalisierung schreiten auf verschiedenen Ebenen voran, wie stellvertretend der antisemitisch motivierte Terroranschlag von Halle/Saale im Jahr 2019 oder das islamistisch motivierte Attentat in Berlin aus dem Jahr 2016 zeigen. Anhand des Beispiels Pegida lässt sich zudem die Tendenz ausmachen, dass deviante Haltungen zunehmend auch in der bürgerlichen Mitte verankert sind (Yendell/Decker/Brähler 2016: 151).

Das Wörterbuch für Soziologie bezeichnet Radikalismus als eine „‚auf die Wurzel (radix) gehende' Haltung, Einstellung oder Bewegung; entschiedenes, auf grundsätzliche Umgestaltung bestehender Denk-, Orientierungs- und Handlungsweisen sowie gesellschaftl. Strukturen ausgerichtetes System von Auffassungen und Aktionen" (Hillmann 2007: 722). Es handelt sich also in der Regel um verfestigte politische oder religiöse Haltungen, die nicht dem Normkonsens der Gesellschaft entsprechen und versuchen, diesen im eigenen Sinne grundlegend zu verändern. Vielfach zeichnen sich radikale Haltungen durch die Zeichnung eines binären Freund-Feind-Schemas aus, welches Kompromisse ausschließt. Allerdings finden radikale Einstellungen in einer demokratischen, offenen Gesellschaft ihren legitimen Platz (Bundesamt für Verfassungsschutz 2022). Alleine die Annahme, ein gesamtgesellschaftlicher Normkonsens könnte alle individuellen oder kollektiven Haltungen einbinden und umfänglich repräsentieren, erscheint utopisch. Zudem lassen sich in der Geschichte zahlreiche Beispiele dafür finden, dass radikale Einstellungen zur Mehrheitsmeinung geworden sind und rückblickend positiv bewertet werden, so zum Beispiel Frauenrechte oder der Abolitionismus (Aslan et al. 2018: 21). Entscheidend für die Bewertung ist das Verhältnis zum Normkonsens in einer spezifischen Gesellschaft zu einer spezifischen Zeit. So dürfen in Deutschland auch deviante Haltungen offen gelebt werden, solange sie „die Grundprinzipien unserer Verfassungsordnung" anerkennen (Abay Gaspar et al. 2019: 19).

Im Gegensatz zum Radikalismus existiert in der interdisziplinären Wissenschaft kein definitorischer Konsens über den Weg zu dieser Position, also die Radikalisierung (Aslan et al. 2018: 17). Sie beschreibt einen höchst individuellen Prozess, die „zunehmende Infragestellung der Legitimation einer normativen Ordnung und/oder die zunehmende Bereitschaft, die institutionelle Struktur dieser Ordnung zu bekämpfen" (Abay Gaspar et al. 2019: 20). Dies kann so weit gehen, dass „ein Individuum oder ein Kollektiv zur Durchsetzung seiner politischen Ziele und Ideen seine Mittel ausweitet und nicht mehr nur gewaltfrei agiert und argumentiert, sondern auch Gewalt anwendet oder zumindest die Bereitschaft zur Anwendung verkündet und so von legalen Mitteln abweicht" (Abay Gaspar et al. 2019: 23–24). Die kognitive Ebene beschreibt dabei die Annahme neuer Denkweisen, die im Widerspruch zum Wertekonsens der Mehrheitsgesellschaft stehen, während die konative Ebene die Umsetzung dieser neuen Denkweisen in konkrete Handlungen umfasst (Aslan et al. 2018: 19).

Zunächst zur Prozesshaftigkeit der Radikalisierung. Grundsätzlich eingebunden in Sozialisationsprozesse, nimmt das Individuum Wertvorstellungen auf und bewertet diese auf Basis seiner zuvor erlangten Erfahrungen. Die Annahme einer Norm impliziert zugleich die Abgrenzung von anderen, so dass Gruppenprozesse wirksam werden: Die Eigengruppe wird positiv, die möglichst homogene Fremdgruppe negativ bewertet. Durch die binäre Haltung radikaler Orientierungen vollzieht sich dieser Prozess im Bereich der Radikalisierung besonders intensiv und integrativ. Während dieser Prozess sukzessive Menschen ausschließt, die sich der schwarz-weiß-Logik nicht anschließen möchten, wird die verbleibende, oftmals gewaltbereite Kerngruppe „ideologisch straffer und homogener durch Selbstbestätigungsprozesse in Bezug auf Einstellungen, Ansichten und Handlungsoptionen" (Meiering et al. 2018: 5).

Gruppenprozesse

Neben den frühen Untersuchungen zum Ethnozentrismus, jener „Weltanschauung, nach der die eigene Gruppe das Zentrum aller Dinge ist und alle anderen im Hinblick auf sie einstuft und bewertet" (Sumner 1906: 13), lassen sich zahlreiche Erklärungen zur Gruppenbildung heranziehen. Beispielsweise das Minimalgruppen-Paradigma, wonach die Einteilung in zwei Gruppen genügt, um die eigene Gruppe auf- und die Fremdgruppe abzuwerten (Tajfel et al. 1971) oder die Bezugsgruppentheorie, wonach dem Individuum komparativ wie normativ Handlungsanleitungen auf kognitiver wie auch auf der Verhaltensebene geboten werden (Merton/Kitt 1950). Darüber hinausgehend bietet die Theorie der sozialen Identität nicht nur eine Systematisierung der sozialen Umwelt. Vielmehr stellt sie ein selbst-referentielles System für Gruppenmitglieder zur Verfügung, welches eine Hilfestellung zur Definition der eigenen sozialen Identität über die Gruppe ermöglicht (Tajfel/Turner 1986). Das Individuum strebt nach einem befriedigenden Selbstkonzept. Dies geschieht durch die Zugehörigkeit zu einer Gruppe, die man selbst positiv bewertet, während man sich von anderen Gruppen distanziert, unabhängig davon, ob die Abwertung auf Basis von Vorurteilen oder subjektiv wahrgenommenen Eigenschaften beruht. Die Betrachtung der Fremdgruppe als homogenen Zusammenschluss verstärkt die Kohäsion. Auf diesem Weg kann die Gruppe das Individuum bei der Kompensation sowohl intrapsychischer (innerlicher) als auch interpersoneller (in sozialen Beziehungen zu anderen Personen oder Gruppen) Konflikte unterstützen (Friedmann/Plha 2017, 227).

In der Diskussion zur Definition des Radikalisierungsbegriffs befasst sich eine Reihe von Ansätzen mit der Rolle der Gewalt und ihrer Bedeutung. Während auf der einen Seite Gewaltanwendung und/oder -akzeptanz als Teil der Radikalisierung formuliert wird (zum Beispiel bei Neumann 2016), plädieren andere Forschende für ein breiteres Verständnis. Diese Arbeiten verweisen auf die komplexen Prozesse, die sich unabhängig von Gewalt vollziehen (Abay Gaspar et al. 2019: 21). Dabei kann zwischen drei Formen unterschieden werden:

Die *Radikalisierung in die Gewalt* markiert jenen Wendepunkt, an dem zur Durchsetzung der eigenen Normvorstellung Gewalt als legitimes Mittel zumindest akzeptiert oder gar angewendet wird. Als Instrument zählt neben der direkten physischen Gewalt auch deren Unterstützung auf finanziellem oder logistischem Weg (Abay Gaspar et al. 2018: 10–11). Die *Radikalisierung in der Gewalt* befasst sich mit Individuen oder Gruppen, die bereits illegitime Mittel anwenden. Der Prozess besteht in der Ausweitung der Gewalt: quantitativ durch mehr Straftaten, zielorientiert durch eine größere Anzahl potentieller Ziele oder, indem eine Öffnung zu Delikten vollzogen wird, deren Sanktionierung ein höheres Strafmaß vorsieht und die somit als gefährdender einzustufen sind (Abay Gaspar et al. 2018: 11–12). Die *Radikalisierung ohne Gewalt* hingegen beschreibt den Prozess des zunehmenden Abwendens vom Normkonsens, ohne in Handlungen den Boden der Legitimität zu verlassen. Nur deren Einbezug erlaubt eine konzeptionelle Befassung mit Radikalisierung als normativem Prozess, dessen gesellschaftliche Relevanz bereits auf kognitiver Ebene sichtbar ist. Denn die Ablehnung des Konsenses beginnt zwangsläufig im Denken, bevor es in Konsequenz zu Handlungen, auch durch andere, kognitiv beeinflusste Personen, kommen kann. Zielführend erscheint daher die Unterscheidung zwischen einer Radikalisierung auf kognitiver (Einstellungs-) oder konativer (Handlungs-) Ebene (Abay Gaspar et al. 2018: 12–13).

Eng verbunden ist die Frage, wie Radikalismus von Extremismus abgegrenzt werden kann. Dies ist vor allem deshalb wesentlich, da die Begriffe im allgemeinen Sprachgebrauch häufig synonym verwendet werden. Der wesentliche Unterschied liegt in der Zielstellung des Individuums: Während der Radikalismus im Rahmen der geltenden Gesetze Veränderungen bewirken will, zielen extremistische Wertorientierungen und Handlungen darauf ab, die Grundwerte der freiheitlich-demokratischen Grundordnung abzuschaffen (Bundesamt für Verfassungsschutz 2022). Extremismus ist „intolerant, kompromiss- und konzessionslos gegenüber Andersdenkenden“ (Hillmann 2007: 722), lehnt Pluralismus ab und befürwortet totalitäre Weltbilder. Dabei lässt sich Extremismus gleichsam in zwei Dimensionen gliedern. Während die kognitive Ebene Einstellungen umfasst, wählen gewaltbereite Extremisten auf der Handlungsebene illegitime Mittel zur Umsetzung ihrer Ziele (Neumann 2013). So kann der Prozess der Radikalisierung zu Extremismus führen, tut dies jedoch nicht zwangsläufig. Denn wo (gewaltbereiter) Extremismus mittels illegitimer Mittel demokratische Strukturen durch totalitäre zu ersetzen sucht, müssen offene Gesellschaften „Radikalität aushalten, wenn nicht sogar fördern, um ihre Innovationsfähigkeit zu erhalten. Sie müssen aber dort präventiv ansetzen, wo Radikalisierung auf Kosten der Pluralität, Demokratie und Menschenwürde geht" (Abay Gaspar et al. 2018: 19).

Wo und wie beginnen Radikalisierungsprozesse? Wer ist radikal und wer ist es (noch) nicht? Und wer ist auf dem Weg dorthin, befindet sich also in der Phase der Radikalisierung? Zu diesen Fragen existiert eine Vielzahl theoretischer Konzepte. Während bottom-up-Theorien (stellvertretend Sageman 2008) davon ausgehen, dass ein Individuum sich aus intrinsischer Motivation, selbständig und ohne Einfluss institutioneller Akteure radikalisiert, beispielsweise um Selbstwirksamkeit und Zugehörigkeit in einer Gruppe zu spüren, wählen top-down-Ansätze eine andere Perspektive (stellvertretend Hoffman 2017). In diesem Fall wird eine Person durch externe Individuen oder Kollektive angeworben, die aktiv an deren sukzessiver Abkehr vom Normkonsens der Mehrheitsgesellschaft arbeiten, hin zu einer Sozialisation in die Wertorientierung des radikalen Milieus (Neumann et. al 2018: 5).

Darüber hinaus gibt es zahlreiche Ansätze, um den Prozess der Radikalisierung in konkrete Schritte zu differenzieren. Diese wurden zwar häufig im Kontext der Analyse spezifischer radikaler Haltungen entwickelt, bieten jedoch Potential zur Abbildung allgemeiner Prozesse im Verlaufe der sozialisatorischen Aneignung devianter Weltbilder. Gemeinsam ist ihnen, dass sie keine zwangsläufige Karriere skizzieren, da jeder Radikalisierungsprozess individuell verläuft und jeder Übergang zwischen den dargestellten Phasen von zahlreichen Faktoren abhängig ist, die es im Einzelfall zu untersuchen gilt. So wählt beispielsweise Katharina Neumann (2019) drei Phasen: Auf die kognitive und emotionale Öffnung gegenüber devianten Wertorientierungen (Neumann 2019: 21–23) folgt die Phase der Ideologisierung, in der eine Identifikation mit der radikalen Haltung und meist der Beitritt zu einem Kollektiv stattfindet, welches diese Einstellungen teilt und eine deviante Gruppenidentität anbietet (Neumann 2019: 23–25). Die dritte Phase, die Mobilisierung, wird durch die Bereitschaft zum Einsatz von Gewalt gekennzeichnet (Neumann 2019: 26–28). Eine andere, exemplarisch ausgewählte Perspektive findet sich bei Borum (2011), dessen Modell Grundlage für die Analyse eines „terrorist mindset" darstellt. In der ersten Stufe stellt ein Ereignis oder ein Zustand Grund zur Beschwerde dar: „It's not right". In Folge empfindet sich das Individuum sowohl auf individueller als auch gesamtgesellschaftlicher Ebene als nicht gerecht beurteilt: „It's not fair". Die dritte Stufe besteht aus der Zuschreibung von Verantwortlichkeit für diese Situation. Verantwortlich gemacht werden können politische Rahmenbedingungen, handelnde Personen oder auch ganze Nationen: „It's your fault". Den abschließenden Schritt stellt dann deren Charakterisierung als feindselig dar, um Aggression zu rechtfertigen: „You're evil" (Borum 2011: 39). Diese beiden Modelle stehen stellvertretend für eine Vielzahl an Konzepten, die Radikalisierungsprozesse anhand metaphorischer Visualisierungen zu skizzieren versuchen.

Zusammenfassend lässt sich festhalten, dass Radikalisierung ein prozesshaftes und höchst individuelles Geschehen darstellt. Dabei sind Dauer und Endpunkt des Prozesses nicht vorhersagbar und typische Verläufe selten, wie das skizzierte Verhältnis zwischen kognitiver und konativer Radikalität verdeutlicht. Einige Individuen lehnen Gewalt ab, während sie für andere Personen ab einem gewissen Zeitpunkt ein legitimes Mittel zur Durchsetzung ihrer Interessen darstellt. Manche übernehmen in kürzester Zeit radikalste Positionen, die sie jedoch nach wenigen Wochen wieder ablegen, während wiederum andere langsam aber kontinuierlich in einen Strudel mit ungewissem Ausgang geraten. Dabei stellt vor allem der schwierige empirische Zugang eine Barriere zu allgemeingültigen Aussagen dar: Menschen, welche die Normwelt der Mehrheitsgesellschaft ablehnen, werden als deren Repräsentanten wahrgenommenen Instanzen nur in den seltensten Fällen den Gefallen tun, Einblick in ihre Gedankenwelt zu geben.

„Eine Person, die ein tiefempfundenes Verlangen nach soziopolitischen Veränderungen verspürt, gilt als radikal, und Radikalisierung wird als eine wachsende Bereitschaft verstanden, weitreichende Veränderungen in der Gesellschaft zu verfolgen und zu unterstützen, die mit der existierenden Ordnung in Konflikt stehen oder diese gefährden" (Dalgaard-Nielsen 2010: 798). Im Folgenden soll nun die jüngere Forschung zu Ursachen für Radikalisierungsprozesse beleuchtet werden. Woraus kann dieses tiefempfundene Verlangen erwachsen und welche potentiellen, Devianz prägenden Rahmenbedingungen des Sozialisationsprozesses müssen dazu adressiert werden? Hierzu wird eine Unterteilung in verschiedene Ebenen vorgenommen, die in einigen Arbeiten zur Radikalisierung genutzt wird (unter anderem Bögelein/Meier/Neubacher 2017; Frindte et al. 2016, Pisoiu 2013) und in Abbildung 9 zunächst in ihren wesentlichen Gesichtspunkten illustriert wird.

Mikroebene (Individuum)	**Mesoebene** (Gruppe)	**Makroebene** (Gesellschaft)
• passive Empfänglichkeit (z.B. Deprivationserfahrung/polit. Ereignis) • aktive Suche nach Sinn/ Gemeinschaft • aktives Abgrenzen (Freund/Feind), Wertewandel • aktive Empörung/ Gewalt/Netzwerk • Kampfmodus: Mission, Pflichtgefühl, Opferbereitschaft	• niederschwelliges Angebot: Homogenität, Gemeinschaft • inhaltliches Angebot: Ideologie/Weltverständnis • Angebot zur Entwicklung von Fertigkeiten • Gruppenprozesse: Gefühl der moralischen Verpflichtung	• Ungleichheit in der Gesellschaft • Ideologie • Vielfalt/ Uneindeutigkeit • nationale/internationale Konflikte/Kriege

Abb. 9: Faktoren der Mikro-, Meso- und Makroebene (Bögelein/Meier/Neubacher 2017: 374)

3.2.1 Makroebene

Die Makroebene bezieht sich auf eine Vielzahl gesamtgesellschaftlicher Einflüsse auf das Individuum. Ihr Ursprung wird im Phänomen der relativen Deprivation verortet: Eine Person nimmt ihren gesamtgesellschaftlichen Status im Vergleich zu anderen als unberechtigt benachteiligt wahr. Das Konzept beschreibt „eine Diskrepanz zwischen den Statuserwartungen, die eine Person subjektiv auf Grund verschiedener Selbst- und Fremdzuweisungen an ihr Leben richtet, und der Realisierung dieser Erwartungen, die durch bestimmte Faktoren und Diskriminierungen objektiv oder subjektiv eingeschränkt wird“ (Kober 2020: 16). Zahlreiche Aspekte können dies auslösen. Diskriminierungserfahrungen und/oder subjektive Gefühle der Marginalisierung aufgrund individueller oder gruppenbezogener Merkmale, eine ökonomische Schlechterstellung oder politische Benachteiligung im nationalen oder internationalen Bezugsrahmen (Pisoiu 2013: 46f.).

Vor allem Heitmeyer (1992; 2002) nimmt im Rahmen seiner Forschungen zum Rechtsextremismus Bezug auf Faktoren postmoderner Wandlungsprozesse, wie der Modernisierung der Arbeitswelt oder der Individualisierung (siehe Reflexive Modernisierung, Kapitel 2.2.2), deren Auswirkungen zu sozialer Desintegration führen können. Das Individuum fühlt sich nicht als Teil des gesellschaftlichen Entwicklungsprozesses, empfindet Ausschluss und Ablehnung, woraus eine Distanz zum Normkonsens der Mehrheitsgesellschaft entstehen kann. Nach der Theorie der sozialen Desintegration (Imbusch/Heitmeyer 2008) können Diskriminierungs- und Gewalterfahrungen, fehlende Anerkennung des Selbst oder der eigenen Bezugsgruppe durch die Mehrheitsgesellschaft sowie negative Folgen gesellschaftlicher Modernisierungsprozesse eine Hinwendung zu radikalen und/oder extremistischen Handlungsmustern begründen. Folge kann eine kognitive Öffnung (Wiktorowicz 2005) sein: Fehlt individuelle Resilienz oder Unterstützung durch soziale Netzwerke, stellt das Individuum bislang akzeptierte Normen und Werte in Frage und beginnt eine Suche nach alternativen, radikalen Deutungsmustern.

Hieran kann ein Radikalisierungsprozess anknüpfen, welcher der zunehmenden politischen, sozialen und normativen Komplexität postmoderner Gesellschaften mit einfachen Antworten begegnet. Ideologisch geprägte Schwarz-weiß-Schemata reduzieren das Gefühl der Überforderung, globale Zusammenhänge überblicken und Entscheidungen in vielfältiger Hinsicht treffen zu müssen. Da differenzierte politische wie gesellschaftliche Alternativen zunehmend weder wahrgenommen noch einbezogen werden, vollzieht sich eine Segregation in Richtung dichotomer Denk- und Handlungsweisen. Die Deutung bislang als unbedeutend wahrgenommener Aspekte von Mitmenschen im ideologischen Framing führt in eine selbst-verfestigende Spirale, die Interpretationen nicht mehr an inhaltliche, sondern an identitätsbildende Aspekte wie die Nationalität oder die Religion knüpft. So gehen die Vergrößerung der Problemwahrnehmung und die Verkleinerung der Handlungs- und Lösungsmöglichkeiten Hand in Hand. Letztlich legitimieren depluralisierende Sichtweisen von schwarz und weiß illegitime Handlungen als alternativlos (Köhler 2017: 74–80), wohingegen die demokratische Gesellschaft vor der vergleichsweise anspruchsvollen Aufgabe steht, die zunehmende gesellschaftliche Komplexität zu erklären und in Lösungen zu übersetzen, die einer pluralistischen Gesellschaft auf legitime Art dienen.

3.2.2 Mesoebene

Die Mesoebene nimmt ebenfalls die Unzufriedenheit des Individuums in den Blick und bindet soziale Netzwerke, Gruppenzugehörigkeiten und Freundschaften ein, die einen neuen Bezugsrahmen zur Lösung von Herausforderungen anbieten. Gruppen legitimieren abweichendes Verhalten und erteilen eine moralische Absolution (Friedmann/Plha 2017) (siehe auch Kapitel 3.2, Gruppenprozesse). Unter dem Stichwort „Framing Theory", wobei sich das Framing auf die Deutungsrahmen der Menschen bezieht, wird Radikalisierung unter anderem von Caiani und della Porta (2010) als ein Prozess gradueller Sozialisierung in bestimmte Weltanschauungen erklärt. Eine empfängliche Person lernt von radikalen Individuen oder Gruppen, dass es eine Realität gibt, in der Ungerechtigkeiten zurechenbar sind und nach Opposition verlangen. Radikalisierung ist demnach ein „Sozialisationsprozess vor dem Hintergrund extremistischer Glaubens- und Normsysteme, die in Diskursgemeinschaften und radikalen Milieus verdichtet, reproduziert und über soziales Lernen tradiert werden" (Zick et al. 2019: 70). Bezugsrahmen können hier zum Beispiel individuelle Missstände, Werte oder Glaubensansichten sein. Damit verbunden lässt sich die Theorie der Subkultur heranziehen (siehe auch Kapitel 3.3.2). Das Individuum empfindet Frustration über den eigenen, subjektiv unzureichenden Status und entdeckt in einem devianten Kollektiv Wertorientierungen und Handlungsanleitungen, die einen subjektiv

Radikalisierung und Jugendalter

Im soziologischen Verständnis beschreibt der Begriff der Jugend eine Lebensphase, in der sich ein Individuum zwischen zwei Abschnitten befindet. Es ist noch nicht vollständig der Rolle des Kindes entwachsen, aber auch noch nicht mit den gesellschaftlichen Erwartungen an einen Erwachsenen konfrontiert (Ecarius et al. 2011: 14). Es gibt zahlreiche Faktoren, welche das Jugendalter zu einer sensiblen Phase und Jugendliche für Radikalisierungsprozesse besonders anfällig machen. Jugendliche müssen eine Reihe von Entwicklungsaufgaben bewältigen, die weitreichende Bedeutung für ihre „persönliche Individuation und [...] soziale[n] Integration" und für den Aufbau einer funktionalen Ich-Identität haben

(Hurrelmann/Quenzel 2016: 221). Sie machen grundlegende kognitive und körperliche Veränderungen durch, die mit erheblichen Konsequenzen verbunden sind, die sie kaum überblicken können. Jugendliche müssen ihre bisherigen Erfahrungen zu einem konsistenten Weltbild vereinen und eine Identität für sich finden, die mit einem verfestigten Rollenbild, einem Platz in der Welt, verbunden ist. Hierzu gehört auch das Erlernen der Normwelt der Mehrheitsgesellschaften durch Sozialisationsinstanzen und soziale Kontrolle. Dabei zeigen Jugendliche nicht selten eine Überidentifikation mit ihren Bezugspersonen oder -gruppen, welche sich in ausgeprägter Intoleranz gegenüber Nicht-Zugehörigen zeigen kann (Erikson 1966: 54). Dass Jugendliche dabei Normen verletzen, ist nichts Ungewöhnliches. Selbst das Strafrecht nimmt hierauf (begrenzt) Rücksicht, indem das Jugendstrafrecht für das Alter von 14 bis maximal 21 Jahren ein Erziehungsziel fokussiert (Ecarius et al. 2011: 184).
Erwachsenwerden ist eine große Aufgabe, die erst mit dem Tod endet und zahlreiche Erfahrungen mit sich bringt, die Einfallstore für Radikalisierungsprozesse sein können. Dabei spielen zahlreiche personale und soziale Ressourcen eine Rolle, die Einfluss auf die Kapazitäten nehmen, mit denen Jugendliche diese Aufgabe angehen und bewältigen können (siehe Abbildung 10). Entscheidend hierfür sind die Bindungen zum familiären Umfeld, zu peer-groups und deren Normorientierungen, materielle und soziale Verhältnisse, das Wohnumfeld, der Sozialraum: im Prinzip alle Dimensionen der sozialen Ungleichheit, die einen unterschiedlichen Grad der sozialen Deprivation bedingen und unterschiedliche Lebenschancen zur Folge haben. Erfahren Individuen in Kindheit und/oder Jugend Krisen, kann dies Ursache für ein gestörtes Bindungsverhalten, auch an die Normen der Mehrheitsgesellschaft sein.

Personale Ressourcen	Soziale Ressourcen
körperliche Kondition	gute Bildung der Eltern
positives Temperament (flexibel, aktiv, offen)	hoher sozialer Status der Eltern
überdurchschnittliche Intelligenz	familiärer Zusammenhalt
positives Selbstbild	auf Selbstständigkeit orientierte Erziehung
Begabung (musisch, sportlich)	enge Geschwisterbeziehung
gute Lern-, Reflexions- und Planungsfähigkeit	gute Nachbarschaft
internale Kontrollüberzeugungen	vertrauensvolle Beziehung zu Erwachsenen
aktiv-problemlösende Bewältigungsstrategien	harmonische Gleichaltrigengruppe
Leistungsmotivation	guter Freund/gute Freundin
sicheres Bindungsverhalten	positive Schulerfahrung
	unterstützende Systeme (Kirche, Sportverein)

Abb. 10: Personale und soziale Ressourcen (Blanz et al. 2006: 543)

angemesseneren Status ermöglichen (Pisoiu 2013: 47). Dies verstärkt sich, wenn die Gruppe von der Mehrheitsgesellschaft als abweichend etikettiert wird (siehe Kapitel 4.3.1), denn dieses Label betrifft in gleichem Maße ihre Mitglieder. Sageman (2008) sieht Gruppenprozesse als deutlich prägenderen Antrieb für eine Radikalisierung als die gesamtgesellschaftlichen Faktoren der Makroebene, Zick et al. betonen zusätzlich deren Attraktivität insbesondere in der Adoleszenz (Zick et al. 2019: 75).

Ein wesentlicher Bedeutungszuwachs der Mesoebene und ihrem Bezug zu Gruppenprozessen lässt sich durch das Internet feststellen. Die Algorithmen sozialer Medien führen dazu, dass Individuen themenverwandte Beiträge vorgeschlagen bekommen, wodurch sich die Meinungsvielfalt entscheidend verkürzt. Nutzer verweilen in Echokammern und Filterblasen, welche ihre existierende Haltung solange bestätigen, bis diese als Mehrheitsmeinung wahrgenommen wird (Lütjen 2016: 17). Hinzu kommt die vermeintliche Anonymität geschlossener Chatgruppen, in denen ungefiltert radikale Haltungen geäußert werden, die sich in vielen Fällen in ihrer Ablehnung gegenüber des Normkonsenses der Mehrheitsgesellschaft zu übertrumpfen versuchen. Die Folgen sind „eine soziale Fragmentierung, das Zuschneiden von Informationen für bestimmte Gruppen sowie eine Absolutsetzung dieser Informationen und den Ausschluss alternativer Sichtweisen" (Bögelein/Meier/Neubacher 2017: 372). Radikale Gruppen und Akteure nutzen dieses Umfeld, um gezielt Rekrutierungsstrategien anzuwenden (Stahl 2019). Hierzu zählen neben sozialen Medien auch zielgruppenorientiert gestaltete Informationsplattformen, Videos und Spiele (Knipping-Sorokin/Stumpf/Koch 2016).

3.2.3 Spezifität

Während die skizzierten Einflussfaktoren der Makro- und Mesoebene grundsätzliche Ursachen für Radikalisierungsprozesse sein können, bleibt in der Betrachtung jedoch eine zentrale Tatsache unerklärt: „Warum schließt sich nur eine kleine Minderheit der Individuen, die denselben strukturellen Einflüssen ausgesetzt ist, schließlich gewalttätigen Gruppierungen an" (Dalgaard-Nielsen 2010: 801; zitiert nach Pisoiu 2013: 48)? Dieses „Spezifitätsproblem" (Pisoiu 2013: 48) spricht an, dass kein Automatismus aus spezifischen Faktoren und einer bestimmten Entwicklung abgeleitet werden kann. Empirische Erkenntnisse bestätigen, dass sich nicht alle Individuen radikalisieren, die von den vorgestellten Radikalisierungsfaktoren betroffen sind. Auf der anderen Seite gibt es radikalisierte Menschen, die keinem dieser Faktoren ausgesetzt waren. Hinzu kommt, dass keine festen sozioökonomischen, ethnischen oder anderen Profile bei radikalisierten Menschen festgestellt werden können. Dies öffnet den Blick auf die

Mikroebene, deren Perspektive individuelle Dispositionen behandelt, auch wenn hieraus gleichsam keine deterministischen Schemata von Motivationen und Entwicklungspfaden zu erwarten sind: „Radikalisierung ist letztendlich ein Produkt der Wechselwirkung von individuellen und gesellschaftlich-strukturellen Faktoren“ (Zick et al. 2019: 47). Es stellt sich somit die Frage, welche „beisteuernden Faktoren“ zu bestimmten Zeitpunkten entlang des Prozesses für die spezifische Biographie welchen Einfluss hatten (Pisoiu 2013: 49).

3.2.4 Mikroebene

Ansätze der Mikroebene beziehen sich in der Ursachenforschung auf das Individuum selbst oder soziales Handeln in Kleingruppen wie der Familie oder peer groups. Die Ursachen der grundlegenden individuellen Unzufriedenheit, die in Makro- und Mesoebene eine Voraussetzung für Radikalisierungsprozesse darstellt, steht hier im Blickpunkt und soll trotz mangelnder empirischer Datenlage mithilfe von Erkenntnissen aus Sozialpsychologie und Psychologie näher beleuchtet werden. Ein Auslöser können biographische Krisenerfahrungen sein. Neben bereits angesprochenen alterstypischen, mit Identitätssuche verbundenen Herausforderungen der Adoleszenz existiert eine Vielzahl möglicher Aspekte: der Verlust von Personen aus dem sozialen Nahfeld, Frustrationserlebnisse in der Persönlichkeitsentwicklung, subjektiv empfundene Perspektivlosigkeit, Hafterfahrungen und/oder Traumata durch Viktimisierungs- oder Diskriminierungserfahrungen. Hinzu können Empfindungen individueller und/oder kollektiver relativer Deprivation kommen, zum Beispiel aufgrund religiöser, politischer oder normativer Gruppenzugehörigkeiten (Dzhekova et al. 2017). Dabei kann sich das Individuum die Probleme der Gruppe zu eigen machen, wie beispielsweise das Konzept der „Demütigung durch Stellvertreter“ aufzeigt (Khosrokhavar 2005). Zur Demütigung der subjektiv empfundenen Benachteiligung im Alltag kommt die meist medial vermittelte Demütigung der als Bezugsgruppe wahrgenommenen Gemeinschaft, in diesem Fall den Muslimen in aller Welt (Khosrokhavar 2005: 152). Auch die zunehmende Loslösung des postmodernen Individuums aus institutionellen Kontexten und die damit verbundene Unsicherheit schaffen einen Nährboden für potentielle Radikalisierungsprozesse (siehe Kasten Reflexive Modernisierung, Kapitel 2.2.2) (Knäble/Breiling/Rettenberger 2021). Dies gilt insbesondere, wenn das Individuum mit biographischen Ereignissen wie eintretender Arbeitslosigkeit konfrontiert wird, die als Wendepunkte wahrgenommen werden (De Meere/Lensink 2017: 33). Schließlich können auch Emotionen ein entscheidender Faktor sein: Sowohl Liebe als auch Hass sind starke Einflussfaktoren, die ein Individuum in deviante Normwelten sozialisieren können (McCauley/Moskalenko 2011). Zusammenfassend können demnach eine

Vielzahl negativer Erlebnisse und/oder Erfahrungen Radikalisierungsprozesse potentiell begünstigen, insbesondere, wenn es dem Individuum an Coping-Ressourcen (siehe Kapitel 4.2.1) fehlt. Radikale Ideologien bieten einfache Antworten auf komplexe Fragen, die kognitive Öffnung in ihre Richtung erscheint als legitimer Ausweg, wo normkonforme Haltungen in die subjektiv benachteiligte Lage geführt haben.

Im Kontext der Sozialisation erscheinen Erziehungsstile gleichsam bedeutend in der Ursachenforschung. Die enge Bindung an eine radikale Kernfamilie, insbesondere in der primären Sozialisationsphase, kann das Weltbild eines Individuums entscheidend und langfristig abseits des Normkonsens prägen. Auch wenn keine deterministische Verbindung zwischen Persönlichkeitsstilen und Radikalisierungsprozessen gezogen werden kann, prägen ‚mindsets' die Haltung eines Individuums über „Persönlichkeitseigenschaften, kognitive Schemata und affektive Zustände" und könnten deviante Entwicklungen begünstigen (Zick et al. 2019: 51). So ist der „Borderline-Persönlichkeitsstil" durch „extrem ausgeprägtes schwarz-weiß-Denken" in Verbindung mit geringer Impulskontrolle gekennzeichnet, der „narzisstische Persönlichkeitsstil" durch Empathielosigkeit und Abwertung von anderen bei gleichzeitiger Überhöhung des Selbst (Zick et al. 2019: 52). Der „dissoziale Persönlichkeitsstil" zeichnet sich durch eine mangelnde Verankerung mehrheitsgesellschaftlicher Normen bei gleichzeitigem „Sensation Seeking Behavior" aus, dem Verlangen nach, auch gewalttätiger, Außeralltäglichkeit (Zick et al. 2019: 53). Schließlich kann das Vorliegen einer autoritären Persönlichkeit Radikalisierungsprozesse in ihrer Wahrscheinlichkeit begünstigen. Diese kann deviante Normen als handlungsleitend etablieren, die Orientierung an einer solchen Person auch Gewalt gegen Menschen außerhalb der eigenen Gruppe rechtfertigen (Zick et al. 2019: 53–54).

3.3 Klassiker der Sozialisation und Kriminalität

Der noch recht junge Forschungsbereich der Radikalisierung lässt sich mit einer Reihe klassischer Theorien in Verbindung setzen, die sich auf die Bindung zur Gesellschaft und das Erlernen delinquenter Verhaltensweisen beziehen.

3.3.1 Bindungstheorie und General Theory of Crime

TRAVIS WARNER HIRSCHI

Travis Warner Hirschi gilt bis heute als bedeutender Soziologe im Bereich der Forschung zu sozialer Kontrolle und Kriminalität, den er mit zwei vielbeachteten Theorien prägte. Geboren am 15. April 1935 in Rockville, Utah, USA, besuchte er zunächst die ‚University of Arizona', bevor er nach einer Tätigkeit als Datenanalyst für die ‚US-Army' im Jahr 1968 an der ‚University of California' in Berkeley promovierte. Im Jahr 1981 kehrte er an die ‚University of Arizona' zurück und erhielt Lehraufträge an verschiedenen Universitäten, unter anderem der ‚University of Washington'. Neben der Auszeichnung mit dem ‚Edwin H. Sutherland Award' im Jahr 1986 durch die ‚American Society of Criminology' gewann er im Jahr 2016 den ‚Stockholm Price in Criminology'.

Hirschi veröffentlichte 1969 das Buch ‚Causes of Delinquency', in welchem er die Bindung an die Gesellschaft und deren Institutionen als signifikante Einflussgrößen der sozialen Kontrolle und damit des abweichenden Verhaltens definierte. Die Argumentation, dass soziale Bezüge und Aktivitäten die Normakzeptanz und damit letztlich die Legitimität von Regeln prägen, hatte in den folgenden Jahrzehnten maßgeblichen Einfluss auf die kriminologische Forschung. Nach einer Reihe von Veröffentlichungen zur Rolle des IQ und des Alters in Bezug zur Normkonformität veröffentlichte Hirschi im Jahr 1990, gemeinsam mit Michael R. Gottfredson, erneut eine vielbeachtete Publikation. In ‚A General Theory of Crime' hielt das Konzept der Selbstkontrolle Einzug in die Betrachtung von abweichendem Verhalten. Hiernach ist Kriminalität die Folge schlechter Erziehungserfahrungen, deren Auswirkungen abweichendes Verhalten begünstigen.

Travis Warner Hirschi verstarb am 2. Januar 2017 in Tucson, Arizona.

15. April 1935	Geburt in Rockville, Utah, USA
1958	Master in Soziologie und Pädagogischer Psychologie an der University of Utah, Salt Lake City
1968	Promotion in Soziologie an der University of California, Berkeley
1981	Professor für Soziologie an der University of Arizona, Tucson
1986	Edwin H. Sutherland Award der American Society of Criminology
2016	Stockholm Price in Criminology
2. Januar 2017	verstorben in Tucson, Arizona, USA

Zu Hirschis grundlegenden Werken gehören:
Gottfredson, Michael R./Hirschi, Travis (1990) A General Theory of Crime. Stanford: Stanford University Press.
Hirschi, Travis (1969) Causes of delinquency. Berkeley: University of California Press.

Gegen Normen zu verstoßen, erschien für Travis Hirschi (1969) als weniger erklärungsbedürftig als die Frage, warum Menschen gesellschaftlich allgemeingültigen Vorstellungen eines erwünschten Verhaltens folgen. Um diese Konformität zu erklären, fokussiert er Faktoren, deren Güte die Bindung eines Individuums an die Gesellschaft beeinflussen. In diesem Zusammenhang spielt auch der Begriff der sozialen Kontrolle eine prominente Rolle (der im folgenden Kapitel 4 fokussiert wird). Jedoch gilt das Interesse an dieser Stelle den sozialen Bindungen, die sozialisatorisch den Anschluss des Individuums an die Gesellschaft herstellen. Denn je enger die Bindung des Individuums an die Gesellschaft und seine Akteure und somit auch deren soziale Kontrolle, so die Hypothese, desto wahrscheinlicher ist normkonformes Verhalten.

Der erste „social bond" ist dabei das ‚attachment': die persönlichen Beziehungen zu Bezugspersonen, vor allem die Familie, die „zur Rücksichtnahme auf die Wünsche und Erwartungen dieser anderen Menschen, Eltern, Lehrer, Freunde verpflichtet" (Schwind 2013: 123). Das ‚commitment' bezeichnet den Grad der Identifikation des Individuums mit moralischen und sozialen Wertvorstellungen der Gesellschaft insgesamt, also die Bindung an deren Normen und Institutionen. Das ‚involvement' bezeichnet den Grad der Integration in gesellschaftliche Aktivitäten. Je mehr Lebenszeit eine Person bereits in normkonforme Ziele investiert hat und von den hierfür assoziierten Institutionen geprägt wurde, desto unwahrscheinlicher ist es, dass sie deviante Ziele verfolgt. Der ‚belief' ist der Glaube an die Berechtigung der Werte und Normen und der Grad der Verinnerlichung. Zusammenfassend lässt sich demnach festhalten: Je größer die Bindung eines Individuums an gesellschaftliche Normen und Institutionen, desto geringer ist die Wahrscheinlichkeit von Devianz.

Nicht zuletzt aufgrund empirischer Befunde, die uneindeutige Korrelationen zwischen den ‚social bonds' zeigten, und der Feststellung, dass sich beispielsweise ‚white collar crime' nur unzureichend mit der Bindungstheorie erklären lässt, da die Täter in der Regel sehr gut in die Gesellschaft integriert sind, entwickelte Hirschi gemeinsam mit Gottfredson (1990) die ‚General Theory of Crime', um ein aktualisiertes Modell zur Verfügung zu stellen. Hiernach ist Delinquenz ein rationales Handeln, in dem der Täter Kosten und Nutzen seiner Handlung abwiegt (siehe Kapitel 4.3.2).

Basis ist die Unterscheidung zwischen ‚criminality', der Tendenz zur Kriminalität des Individuums, und ‚crime', der Gelegenheit zur eigentlichen Deliktbegehung. Nur wenn beide Faktoren gegeben sind, kommt es auch zum delinquenten Verhalten. Die sozialisationsbedingte Neigung steht dabei im Kontext dieses Buchs im Vordergrund. Für Hirschi und Gottfredson ist diese Haltung die Folge einer niedrigen Selbstkontrolle, die in der Regel bereits während der primären Sozialisation verinnerlicht wird. Ursache ist die Nicht-Sanktionierung abweichenden Verhaltens durch die Erziehungsberechtigten, sei es durch mangelnde Aufsicht oder Fähigkeit, dieses zu erkennen oder angemessen darauf zu reagieren. Hieraus resultiert mangelnde Impulskontrolle, die deviantes Verhalten fördert (Evans et al. 2006: 489). Personen mit geringer Selbstkontrolle zeigen dabei die Tendenz, insbesondere mittel- und langfristige, negative Folgen ihrer Handlungen nicht ausreichend in ihre Kosten-Nutzen-Rechnung einzubeziehen. Sie zeichnen sich aus durch „eine starke Hier- und Jetzt-Orientierung (Impulsivity), eine geringe Sorgfalt, Persistenz und Verlässlichkeit (Simple Tasks), eine starke Abenteuerlust (Risk-Seeking), ein starkes Interesse an körperlicher Aktivität (Physical Activity), eine starke Selbstbezogenheit und Indifferenz gegenüber anderen (Self-Centered) und eine geringe Frustrationstoleranz aus (Temper)" (Eifler/Schulz 2007: 142). Die Unterscheidung zwischen Fremd- und Selbstkontrolle kann illustriert werden wie in Abbildung 11.

Selbstkontrolle **(internale soziale Kontrolle)**	**Fremdkontrolle** **(externale soziale Kontrolle)**
Grad der Internalisiertheit, der Akzeptanz bzw. der intrinsischen Wirksamkeit von Normen: Ausmaß, in dem konformes Verhalten voraussichtlich oder tatsächlich intrinsisch belohnend (nützlich) und abweichendes Verhalten intrinsisch bestrafend (kostspielig) ist	**Grad der Institutionalisiertheit von Sanktionen bzw. der extrinsischen Wirksamkeit von Normen:** Ausmaß, in dem andere auf abweichendes bzw. konformes Verhalten voraussichtlich oder tatsächlich reagieren (Wahrscheinlichkeit und Nettonutzen sozialer Reaktionen)
gutes Gewissen (innere Ruhe, Stolz): positives Selbstwertgefühl, das aus der Befolgung internalisierter Normen resultiert (moralischer Nutzen)	**positive Sanktion (Lob, Belohnung):** voraussichtlicher oder tatsächlicher Nutzen, der aus der sozialen Reaktion auf konformes Verhalten entsteht
schlechtes Gewissen (Scham, Schuld): negatives Selbstwertgefühl, das aus der Nichtbefolgung internalisierter Normen resultiert (moralische Kosten)	**negative Sanktion (Tadel, Bestrafung):** voraussichtliche oder tatsächliche Kosten, die aus der sozialen Reaktion auf abweichendes Verhalten entstehen

Abb. 11: Selbst- und Fremdkontrolle (nach Lamnek/Ottermann 2004: 62; eigene Darstellung)

Somit wurde der Fokus verschoben: Von externen Instanzen der sozialen Kontrolle im Lebenslauf, welche die Integration des Individuums in die Normen der Gesellschaft prägen, hin zu einer nicht oder nur schwer zu kompensierenden Entwicklung, deren Ursachen in die Anfänge der Sozialisation zurückführen.

3.3.2 (Sub-)Kulturkonflikte

Die Gruppe der Subkulturtheorien befasst sich mit dem Konflikt zwischen normkonformen und devianten Gruppen und ihren Mitgliedern. Zwar ziehen sie ähnlich der Chicago School sozialstrukturelle Ursachen für Delinquenz heran. Jedoch wurde den Forschungen zu ‚delinquency areas' (siehe Kapitel 2.4.1) zunächst von William F. Whyte (1943) gegenübergestellt, dass diese „keineswegs [...] desorganisiert, sondern von einem eigenen subkulturellen Normensystem durchzogen seien" (Schwind 2013: 150). Dies führt nach Albert K. Cohen (1957) zu Anpassungs- und Statusproblemen vor allem jugendlicher Bewohner, „für die die Gesellschaft keine befriedigenden, institutionalisierten Lösungen anbieten kann" (Lamnek 2018: 100). Die hieraus resultierenden, devianten Gruppennormen sind für die Mitglieder folglich handlungsleitend.

Subkulturen sind dabei für Cohen Gruppen, die sich aufgrund verfestigter Strukturen sozialer Ungleichheit bilden und ihren Mitgliedern eigene Normvorstellungen und Handlungsweisen anbieten, die nicht zwangsläufig im Normkonsens der Mehrheitsgesellschaft verhaftet sind. Menschen mit ähnlichen Deprivationslagen und -erfahrungen schließen sich zusammen und leben in alternativen Normsystemen, die ihren Möglichkeiten und Umständen eher entsprechen als jene, die den Vorstellungen von Menschen mit größeren Lebenschancen entspringen und die für die eigene Benachteiligung verantwortlich gemacht werden. Die Mitglieder der Subkultur müssen sich nicht aus einer deprivierten Situation heraus anpassen, sondern bilden Parallelgesellschaften mit eigenen Normen, die sich aktiv von der Mehrheitsgesellschaft abgrenzen und in die sie sich bereitwillig und partizipativ sozialisieren. Erinnernd an die Anomietheorie nach Merton (siehe Kapitel 2.4.2) bietet die Subkultur ihren Mitgliedern die Chance, eigene erstrebenswerte Ziele zu definieren oder illegitime Mittel und Wege zu legitimieren, um anerkannte Ziele wie Prestige und Anerkennung zu erreichen (Singelnstein/Kunz 2021: 120–121). Im Gegensatz zu Merton, der vor allem ökonomische Deprivation als Motivation zur Delinquenz beschreibt, umfasst Cohens Theorie auch Devianz, die nicht-utilitaristisch ist. Hierzu gehören beispielsweise Vandalismus oder Provokationen, die nicht mit direkten Vorteilen verbunden sind, sondern aus Böswilligkeit und Ablehnung begangen werden. Häufig liegt eine negativistische Motivation zugrunde, der Kontrast der Handlung zur allgemein anerkannten Norm ist entscheidend. Dabei kann die Durchführung von kleinen, jugendlichen Cliquen bis hin zu organisierten, hierarchisierten Gemeinschaften durch eine Vielzahl an Akteuren vollzogen werden (Singelnstein/Kunz 2021: 121).

Miller formulierte sechs Kristallisationspunkte (Miller 1968: 341), welche die Normwelt devianter Subkulturen charakterisieren, in diesem Fall jene „jugendlicher Straßenbanden in Wohnvierteln der unteren Schichten“ (Miller 1968: 339). Der Fokus liegt dabei auf der Vorstellung, dass die Normen marginalisierter Bevölkerungsgruppen eigenständige, historisch hervorgebrachte und tradierte kulturelle Konstrukte sind, die von Nicht-Angehörigen, ‚besser‘ situierten Gruppen der Gesellschaft, als abweichend markiert werden. Folglich liegt für Teile der Gesellschaft eine unterschiedliche sozialisatorische Prägung vor, die als deviant gilt (Miller 1968: 340).

Dieser kulturelle Einfluss besteht zum ersten aus *Schwierigkeiten*: Handlungen, die zu Konflikten mit der Norm und ihren Vertretern führen könnten, werden im Zweifel nicht vermieden. So ist das verletzen einer Mehrheitsnorm häufig mit Prestige verbunden (Miller 1968: 343–344).

Zweitens nennt Miller die *Härte*, womit physische Durchsetzungsfähigkeit genauso gemeint ist wie subkulturell geprägte Vorstellungen von Maskulinität und Mut. Dementsprechend werden Schwäche, Homosexualität und Feigheit in den untersuchten Subkulturen verurteilt (Miller 1968: 344–345).

Die *geistige Wendigkeit* steht für die Cleverness und Straßenschläue, mittels deren Ziele erreicht werden, ohne physischen Aufwand verrichten zu müssen (Miller 1968: 345–347).

Die *Erregung* wird durch die Suche nach Singularität gekennzeichnet. Da die oftmals auftretende Beschäftigungslosigkeit und Gleichförmigkeit der Lebenswelt zu „lange[n] Perioden relativer Inaktivität oder Passivität“ führt (Miller 1968: 347), werden Formen der Freizeitgestaltung gegenübergestellt, die das Gegenteil hervorbringen sollen (Miller 1968: 347–348).

Das *Schicksal* manifestiert sich aus der typischerweise situationsspezifischen Feststellung, ob eine Person vom Glück oder vom Pech verfolgt wird. Auf diese Weise liegen Rückschläge in der Verantwortung einer höheren Macht und hätten vom Individuum auch mit größten Anstrengungen nicht verhindert werden können (Miller 1968: 348–349).

Schließlich nennt Miller die *Autonomie*: Die Unabhängigkeit von den Normen der Mehrheitsgesellschaft wird unter Berufung auf die eigene Unabhängigkeit stark betont (Miller 1968: 349–351).

Zwei weitere Kristallisationspunkte sieht Miller „auf einem höheren Abstraktionsniveau“ (Miller 1968: 353): Die *Zugehörigkeit* fokussiert Gruppenprozesse und sieht die Teilnahme gekoppelt an die „Kenntnis des Normsystems und der hochbewerteten Eigenschaften, wie sie von der Gruppe festgelegt sind“. Diese werden gegenüber den Normen der Mehrheitsgesellschaft in Wertorientierung und Handlung priorisiert (Miller 1968: 353). Den *Wunsch nach einem hohen Status* besitzen Menschen der Unterschicht nicht exklusiv, jedoch ist dieser an die Anwendung der oben skizzierten Kristallisationspunkte gebunden und spielt eine große Rolle in der stets umkämpften Hierarchie (Miller 1968: 353–356). Mitglieder devianter Subkulturen unterliegen demnach der gleichen Anforderung, in ihrem Wertesystem besonders vorbildlich zu agieren, was zu einer besonders tiefgreifenden Entfremdung von den Normen der Mehrheitsgesellschaft führt.

Sowohl Cohens als auch Millers Theorien fokussieren sich dabei auf Jugendkriminalität und bieten somit keine Erklärungsansätze beispielsweise für die Entstehung von organisierter Wirtschaftskriminalität. Jedoch bieten sie einen Anhaltspunkt dafür, dass Individuen und Gruppen der Gesellschaft innerhalb eines eigenen Normsystems leben, welches vom Konsens der Mehrheitsgesellschaft abweicht. Deren Handlungen beruhen auf einer Sozialisation in diesem devianten Kosmos an Orientierungen und Handlungen, so dass die Etikettierung von Abweichung (mehr dazu im Kapitel 4.3.1) und damit der Ausschluss von konformen Handlungsmöglichkeiten von außen diesen Prozess zusätzlich verstärkt.

Einen über Jugenddelinquenz hinausgehenden Ansatz formulierte Thorsten Sellin mit seiner Kulturkonflikttheorie (1938). Er sah einen Ursprung von Delinquenz im Normkonflikt, der Menschen aus verschiedenen gesellschaftlichen Sys-

Fanatismus

Ein Sonderfall innerhalb der Subkulturen sind spezifische, häufig religiös-ideologisch und fanatisch geprägte Gemeinschaften, anhand derer sich die Konstruktion und die Verbindlichkeit der Gruppennormen, auch und vor allem in Opposition zum Mehrheitskonsens, darstellen lässt. Hole (1995) definiert Fanatismus als „eine durch die Persönlichkeitsstruktur mitbedingte, auf eingeengte Inhalte und Werte bezogene persönliche Überzeugung von hohem Identifizierungsgrad, die mit stärkster Intensität, Nachhaltigkeit und Konsequenz festgehalten oder verfolgt wird, wobei Dialog- und Kompromissunfähigkeit mit anderen Systemen und Menschen besteht, die als Außenfeinde auch unter Einsatz aller Mittel und in Konformität mit dem eigenen Gewissen bekämpft werden können" (Hole 1995: 39). Kennzeichnend ist demnach, dass die Anhänger ihre gesamte Existenz nach den vorgegebenen Werten und Normen einer übergeordneten Instanz ausrichten und dabei typischerweise in Gruppierungen mit autoritären Strukturen organisiert sind. Normen, Verhaltensweisen und Ideologien werden hierarchisch durchgesetzt und die Anhänger mittels Abschottung und teils rigiden Sanktionsmechanismen, die außerhalb der staatlichen und gesamtgesellschaftlichen Institutionen stattfinden, an die Gruppe gebunden. Viele, insbesondere religiöse Fanatiker zeigen Missionierungsabsichten, um den eigenen Wert für die Gruppe zu beweisen und dadurch ein größeres Prestige zu erlangen. Dabei gilt: Es gibt keinerlei Toleranz gegenüber anderen Ansichten, es herrschen klare Feindbilder von innerhalb und außerhalb, die stringent eingehalten werden und somit die Distanz zur Mehrheitsgesellschaft und die enge Bindung an die eigene Gruppe zusätzlich vergrößern. Im Gegensatz zum Fundamentalismus sind Fanatiker bereit, ihre Ideen auch mit Gewalt umzusetzen. Je isolierter die Gruppe ist, desto abweichender sind in der Regel die gruppeninternen Normen und Werte (Hole 1995: 145f.). Hole unterscheidet zwischen zwei Formen: Der essentielle Fanatismus zeigt sich in einer Persönlichkeitsstruktur, die über den „Drang zum Extrem" verfügt. Induzierter Fanatismus beschreibt dagegen ein soziales Phänomen und entsteht „durch die erlebte Aktivität von Fanatikern oder fanatischen Bewegungen" (Hole 1995: 47f.). So kann grundsätzlich jeder Mensch einem Thema fanatisch gegenüberstehen, so lange Halt und Sicherheit nicht in sich, sondern außerhalb des Selbst in einer Idee oder Gruppe gesucht werden. Als Ursache werden zum einen sozioökonomische Faktoren oder politische Instabilität formuliert. Zum anderen spielen laut Hole psychische Bedürfnisse eine entscheidende Rolle:

„– das Bedürfnis nach Sicherheit, [...] über die Richtigkeit des gewählten eigenen Wegs;
– das Bedürfnis nach Verankerung, d. h. nach [...] einem zuverlässigen Fundament, das stets Halt zu geben vermag;
– das Bedürfnis nach Autorität, also nach Unterordnung unter die inhaltlichen Vorgaben durch eine Person oder eine Schrift, deren Kompetenz und Zuständigkeit unbezweifelbar ist;
– das Bedürfnis nach Identifikation, d. h. nach voller persönlicher Übereinstimmung oder Verschmelzung mit der vertretenen Idee oder der sie tragenden Gemeinschaft;
– das Bedürfnis nach Perfektion, also [...] nach Vollkommenheit der vertretenen Einstellung, die keiner Ergänzung oder Korrektur mehr bedarf;
– das Bedürfnis nach Einfachheit, d. h. nach Reduzierung [...] auf wenige Prinzipien oder Lehrsätze, die sich eindeutig und vor allem plakativ formulieren lassen" (Hole 1995: 28).

temen im Falle einer Migration begegnet. Je weniger die Normen in Herkunfts- und Aufnahmeland übereinstimmen oder je stärker sie sich widersprechen, desto eher können durch mangelnde Anpassungsfähigkeit oder -willigkeit auf der einen, Distanzierung oder Ablehnung auf der anderen Seite Konflikte entstehen. Diese können sich nach außen durch Delinquenz äußern, innerhalb der Gruppe der Migranten durch beispielsweise unterschiedliche Norm- und Wertvorstellungen zwischen den Generationen. Offen bleibt, in welchen Fällen diese Konflikte tatsächlich zu Delinquenz führen, insbesondere, da Integration als dynamischer Prozess der Definitionsmacht der Mehrheitsgesellschaft unterliegt: Es ist in der Regel nicht die Minderheit, die einen Prozess als gelungen definiert (Singelnstein/Kunz 2021).

3.3.3 Techniken der Neutralisierung

Ist Delinquenz bereits erfolgt, stehen dem Individuum Techniken der Neutralisierung zur Verfügung, die sozialisatorisch erlernt und typischerweise zur Rationalisierung des eigenen Verhaltens genutzt werden. Dabei gehen alle Autoren dieser Theorie davon aus, dass der oder die Handelnde die Normen, die gebrochen werden, verinnerlicht hat: Das Individuum weiß um seine Grenzüberschreitung, auch wenn es im Sinne der Subkulturtheorien (siehe Kapitel 3.3.2) deviante Normen (zumindest graduell) als handlungsleitend empfindet. Die Funktion der Techniken besteht darin, das normverletzende Verhalten nachträglich zu rechtfertigen. Es schützt also im Nachgang der Tat vor Gewissensbissen oder Kritik, psychische Kosten sollen gemindert werden.

Sykes und Matza (1957) definieren fünf Typen der Neutralisierung:

So kann die *Verantwortung für die Tat abgelehnt* werden, da sich der Täter als Opfer gesamtgesellschaftlicher Umstände wahrnimmt und somit die Ursache für die Tat nicht von ihm zu verantworten ist. Bei der *Verneinung des Unrechts* wird die Tat nicht als Normabweichung angesehen, der Täter plädiert darauf, dass sein Verhalten innerhalb des Konsenses zu verorten sei. Die *Ablehnung des Opfers* fokussiert sich darauf, dieses zu diskreditieren und spezifische Eigenschaften des Opfers als legitimen Auslöser der Tat heranzuziehen. Die *Verdammung der Verdammenden* spricht der sanktionierenden Instanz die Legitimation ab, ein Urteil über den Täter zu sprechen. Häufig wird hierbei die Polizei als korrupt, Gerichte als politisch abhängig in ihrer Urteilsfindung bezeichnet. Die fünfte Technik ist die *Berufung auf höhere Instanzen*, womit ein Normsystem gemeint ist, dessen Bedeutung als dem sanktionierenden Normsystem übergeordnet wahrgenommen wird. Dies können lose Gruppen oder feste, beispielsweise fanatische Gemeinschaften sein. In jedem Fall rechtfertigt sich der Täter damit, dass er nicht aus eigenem Willen heraus gehandelt habe (Sykes/Matza 1957: 667–669). Quint C. Thurman ergänzte zwei weitere Techniken: Der sonst immer normkonform handelnde Delinquent kann sich einen Ausrutscher erlauben oder die Tat erschien alternativlos, da keine Handlungsalternative gab (1984).

Gemeinsam ist allen Techniken, dass sie gezielt nach der Grauzone suchen, in denen Normen gebildet und verhandelt werden. Der stete Konflikt um erwünschtes und sanktioniertes Verhalten, um dessen Grenzen gesamtgesellschaftlich gerungen wird, bietet eine gewisse Flexibilität in der Anwendung von Normen, der jedoch nicht zuletzt durch das StGB Barrieren gegeben sind. Techniken der Neutralisierung beziehen sich auf eine Wertorientierung, die sich zwar abseits des Normkonsens befindet, was alleine durch die Verfolgung der Tat und damit die Notwendigkeit der Anwendung offenkundig ist. Jedoch versuchen sie, die Tatbegehung durch ein als zu eng ausgelegtes Verständnis des allgemeinen Normkonsenses zu rechtfertigen. Somit ermöglichen die Techniken der Neutralisierung keine Ursachenforschung zu Delinquenz, bieten aber das Potential für einen Einblick in den sozialisatorischen Prozess der Normakzeptanz. Diesbezüglich bleibt empirisch die Frage offen, ob die deviante Einstellung bereits vor der Tat existierte oder erst im Nachhinein angewendet wurde.

3.4 Zusammenfassung

Das vorliegende Kapitel befasste sich mit dem Zusammenhang von Sozialisation und Kriminalität.

Jeder Mensch hat die Aufgabe, Teil seiner Gesellschaft zu werden. Dies geschieht über den Einfluss verschiedener Instanzen, die dem Individuum die allgemein als Konsens verinnerlichte Normwelt näherbringen und verdeutlichen, welches Verhalten positiv oder negativ sanktioniert wird. Jedoch hat jede dieser Instanzen eigene, graduell auch deviante Wert- und Normvorstellungen, mit denen das Individuum konfrontiert wird und aus denen es sich seine eigene Identität zusammenstellen muss. Dabei wird unterschieden zwischen der Devianz, einem von der Norm abweichenden Denken oder Verhalten, welches von der Gesellschaft teils toleriert werden kann, und der Delinquenz, einem Verhalten, welches durch den Einsatz illegitimer Mittel gegen strafbewehrte Normen verstößt.

In Bezug auf Radikalisierung ist diese Trennung, insbesondere auf kognitiver Ebene, häufig schwer vorzunehmen. Es existiert keine interdisziplinär allgemeingültige Definition dieses individuellen Prozesses. Vielmehr beleuchtet die jüngere Forschung verschiedene Einflussfaktoren, die eine Radikalisierung befördern können, dies jedoch nicht zwangsläufig müssen. Das Spezifitätsproblem besagt in diesem Kontext, dass Personen, die den gleichen Einflüssen unterliegen, unterschiedliche Grade der Normkonformität zeigen: Was den einen radikalisiert, zeigt beim anderen keinen Einfluss, und umgekehrt.

Ein Blick auf diese Faktoren verdeutlicht die Bandbreite denkbarer Einflüsse im komplexen und individuellen Sozialisationsprozess. In der Literatur wird vielfach eine Differenzierung nach Ebenen vorgenommen. Die Makroebene befasst sich mit gesamtgesellschaftlichen und globalen Faktoren, die Mesoebene wirft einen Blick auf Gruppenprozesse und die Mikroebene untersucht individuelle biographische Herausforderungen, die eine Hin- oder Abwendung vom Normkonsens wahrscheinlicher machen könnten.

Anbinden lässt sich diese Perspektive an Klassiker der Forschung zur Sozialisation und Devianz. Hirschis Bindungstheorie befasst sich nicht mit der Frage, warum Devianz entsteht, sondern vielmehr, warum Personen normkonform handeln. Hirschi macht vier ‚social bonds' aus, die das Individuum an die Normwelt der Mehrheitsgesellschaft binden. Die Weiterentwicklung als General Theory of Crime (mit Gottfredson) formuliert, dass sowohl die Gelegenheit zur Tatbegehung, als auch eine Tendenz zu delinquentem Verhalten im Individuum vorhanden sein müssen, damit es auch zum Delikt kommt. Als entscheidender Faktor gilt hier eine mangelnde Impulskontrolle als Folge einer mangelhaften, meist frühkindlichen Sozialisation. Die Subkulturtheorien hingegen nehmen Normorientierungen in den Blick, die parallel zum gesamtgesellschaftlichen Konsens in Gruppen existieren und für deren Mitglieder handlungsleitend sind. Diese können, nach Cohen, aus Deprivationslagen entstehen und den Angehörigen dieser Gemeinschaften subjektiv größere Lebenschancen ermöglichen, indem eigene Ziele formuliert oder illegitime Mittel als legitime Verhaltensweisen definiert werden. Miller charakterisierte diese Normwelten anhand von Kristallisationspunkten, die Abbild eigenständiger, kulturell gewachsener und tradierter Orientierungen sind, die von der Mehrheitsgesellschaft als deviant markiert werden. Sellins Kulturkonflikttheorie gehört ebenfalls in diese Gruppe, wonach ein Normkonflikt bei Migration aus unterschiedlichen Sozialisationserfahrungen resultiert. Je stärker die Normen in Herkunfts- und Aufnahmeland nicht übereinstimmen oder sich gar widersprechen, desto eher können durch mangelnde Anpassungsfähigkeit oder -willigkeit auf der einen, Distanzierung oder Ablehnung auf der anderen Seite Konflikte entstehen. Die Techniken der Neutralisierung nach Sykes und Matza stellen wiederum eine andere Perspektive dar: Hier ist Delinquenz bereits erfolgt und das Individuum nutzt erlernte Argumentationen, um das eigene Verhalten nachträglich zu rationalisieren. Da die Normverletzung dem Individuum bewusst ist, ermöglichen die Techniken die Vermeidung psychischer Kosten.

Die Vermittlung von Normen im Sozialisationsprozess lässt folglich viele Möglichkeiten des Erlernens devianter Denk- und/oder Verhaltensweisen zu. Der Einfluss von Instanzen auf das Individuum ist dabei höchst individuell und von grundlegenden Wertorientierungen und Persönlichkeitsmerkmalen abhängig. Dies ist in Bezug auf Radikalisierung nicht a priori als negativ zu bewerten: Viele radikale Haltungen erwiesen sich zu einem späteren Zeitpunkt als visionär und fortschrittlich. Eine Herausforderung stellt jedoch die Grauzone dar, welche kognitiven und konativen Muster eine demokratische Gesellschaft toleriert und welche sie sanktioniert, ohne ihren offenen Charakter zu verlieren. Da auch Radikalisierung ein höchst individueller Prozess ist, der oftmals verborgen vor der Öffentlichkeit vollzogen wird, fehlen sowohl den Ermittlungs- und Strafverfolgungsbehörden als auch Akteuren der Prävention klar adressierbare Anhaltspunkte, welche Individuen ab welchem Punkt diese ohnehin unscharfe Grenze überschreiten. Dies macht Radikalisierung zum Beispiel für den Zusammenhang zwischen Sozialisation und Kriminalität, auch aufgrund der Aktualität und stetig neuen Formen der Online-Kommunikation und -vernetzung, zu einem kontroversen und spannenden Themenbereich.

4. Kriminalität und soziale Kontrolle

Das Grundgesetz der Bundesrepublik Deutschland verwendet in den Artikeln 18 und 21 den Begriff der freiheitlichen demokratischen Grundordnung, um basale Prinzipien des Zusammenlebens verbindlich zu verschriftlichen. Deren Einhaltung wird mithilfe staatlicher Institutionen gewährleistet. Die Vorstellungen davon, welches Verhalten im Sinne der Mehrheit als erwünscht, tolerabel oder als normwidrig gilt, wird jedoch gleichsam tagtäglich von jedem Bürger des Staates geformt. Erstmals in den wissenschaftlichen Diskurs eingeführt von Edward Ross (1896) beschreibt der Begriff der sozialen Kontrolle den Vorgang, dass ein Individuum absichtsvoll von einer Mehrheit in seinem Denken und Verhalten zu Normkonformität gesteuert wird. Soziale Kontrolle lässt sich somit als Handlungen definieren, die „folgende Merkmale aufweisen: Sie zielen darauf ab, abweichendes Verhalten in dem sozialen System, in dem sie wirkt, künftig zu verhindern. [Sie] sind eine Reaktion auf gegenwärtiges oder erwartetes abweichendes, d.h. normverletzendes Verhalten und [sie] stehen im Einklang mit den Vorstellungen einer Bezugsgruppe, die über die Angemessenheit der Handlung wacht und die die Macht hat, diesen Vorstellungen Geltung zu verschaffen“ (Peters 2002: 115). Der Prozess, in dem soziales Handeln als nicht konform und damit als abweichend eingestuft wird, erfolgt sowohl über formelle als auch informelle Instanzen der sozialen Kontrolle (Lamnek/Vogel 2017: 44). Dies umfasst „sowohl staatliche als auch private Mechanismen und Techniken, mit denen eine Gesellschaft oder eine soziale Gruppe versucht, ihre Mitglieder dazu anzuhalten, den von ihr aufgestellten Normen als Verhaltensanforderungen Folge zu leisten“ (Singelnstein/Stolle 2012: 11).

Zur Durchsetzung dienen Sanktionen, die sowohl positiv als auch negativ wirken, jedoch immer dazu dienen, Erwartungen der Gesellschaft an das Individuum zu verdeutlichen: ‚Richtiges‘ Verhalten wird belohnt, ‚falsches‘ bzw. deviantes Verhalten in Relation zur Schwere der Abweichung bestraft (Hillmann 2007: 767). Formelle Sanktionen folgen meist einem Verstoß gegen strafbewehrte Normen, zum Beispiel jenen des StGB, und werden in der Regel durch staatliche Organe der Sicherheit und Justiz durch Anwendung des Strafrechts ausgeübt. Informelle Sanktionen hingegen erfolgen durch die gesamte Umwelt eines Individuums: „Lob, Tadel, Kritik, Spott, das soziale ‚Schneiden‘ von Personen, das Schenken oder der Entzug von Vertrauen oder die Missbilligung durch Gesten oder Mimik“ (Lüdemann/Ohlemacher 2002: 160). Neben diesen externen Sanktionen sind auch interne Sanktionen möglich, wenn das Individuum die Normen der Mehrheitsgesellschaft verinnerlicht hat. Eine Befolgung der Norm hat ein gutes Gefühl, der Verstoß gegen die Norm ein schlechtes Gewissen zur Folge (Lüdemann/Ohlemacher 2002: 160–161).

Cohen unterscheidet vier Stile der sozialen Kontrolle. Der *punitive Kontrollstil* setzt auf die negative Sanktionierung devianten Verhaltens durch Zwangsmaßnahmen (Cohen 1993: 214). Die *Entschädigung* sieht eine Kompensation des Schadens durch den Täter an das Opfer vor, während die *Befriedigung* auf einen Konsens setzt, um den Konflikt zu lösen (Cohen 1993: 215). Die *Therapie* schließlich zielt täterorientiert darauf ab, kognitiv wie konativ eine Änderung im Individuum zu bewirken, um künftig Normkonformität herzustellen (Cohen 1993: 216).

Welches Verhalten durch Sanktionen belohnt oder bestraft wird, unterliegt dem gesellschaftlichen Wandel des Normkonsenses. Eine Betrachtung muss „immer die jeweils bestehenden gesellschaftlichen Bedingungen einbeziehen" (Singelnstein/Stolle 2012: 13). Insbesondere vor dem Hintergrund tiefgreifender gesellschaftlicher Transformationsprozesse der Postmoderne (siehe Reflexive Modernisierung, Kapitel 2.2.2) ändern sich neben diesen Bedingungen auch Strukturen, Diskurse, Protagonisten, Mechanismen, Techniken und Institutionen, so dass sowohl die „Ebene der Normgenese" als auch die „Durchsetzungsebene" (Singelnstein/Stolle 2012: 11) der sozialen Kontrolle stets den Charakter von Momentaufnahmen besitzen (Singelnstein/Stolle 2012: 14–15). Durchzogen von Herrschaftsverhältnissen bietet der öffentliche Diskurs einen Einblick in diese Prozesse.

Diskurs

Im Zentrum des Begriffs steht die Sprache als Instrument, das sowohl Abbild als auch Ausgangspunkt von Wirklichkeit ist. Während ein Individuum über seine Realität spricht, erlaubt es einen Einblick in vorhandene Deutungsmuster und prägt diese zugleich nach außen. Die genutzten Begriffe können als Zeichen verstanden werden, die „Lautbild (Ausdruck, Signifikant) und Vorstellung (Sinn, Bedeutung, Signifikat)" verknüpfen (Keller 2011: 104). Sprache ist demnach ein Träger- und Produktionssystem kultureller Artefakte, welches zu einer bestimmten Zeit in einer bestimmten Gesellschaft vorliegt und deren Herrschaftssysteme analytisch sichtbar machen kann: „Wer darf legitimerweise wo sprechen? Was darf/kann dort wie gesagt werden? Welche Konsequenzen sind damit verbunden?" (Keller 2011: 233). Nach der Definition von Michel Foucault ist ein Diskurs daher ein „sprachlich produzierter Sinnzusammenhang, der eine bestimmte Vorstellung forciert, die wiederum bestimmte Machtstrukturen und Interessen gleichzeitig zur Grundlage hat und erzeugt" (Foucault 1981: 74). Die wissenssoziologische Definition von Keller verdeutlicht, auf welche Ebenen Rückschlüsse gezogen werden können: „Eine [...] abgrenzbare Aussagepraxis bzw. Gesamtheit von Aussageereignissen, die im Hinblick auf institutionell stabilisierte gemeinsame Strukturmuster, Praktiken, Regeln und Ressourcen der Bedeutungserzeugung untersucht werden" (Keller 2011: 68).

4.1 Der Einfluss der Medien

Instanzen der sozialen Kontrolle, also letztlich alle Mitglieder der Gesellschaft, werden in ihrer Wahrnehmung und Beurteilung durch zahlreiche Multiplikatoren beeinflusst. Der jeweils gültige Normkonsens ist in verschiedenen Diskursarenen hart umkämpft und Akteure aus allen Spektren der Wertorientierung versuchen, diesen in ihrem Sinne zu beeinflussen und somit Herrschaft über die Meinungshoheit, und damit die Konstruktion der Wirklichkeit, zu erlangen (Foucault 1991). Ein wirkmächtiges Instrument, dessen Einfluss im Zeitalter der Digitalisierung zunehmend an Bedeutung gewinnt, sind Medien. Ausgehend von Forschungen zu sozialen Bewegungen und deren Mobilisierungsstrategien (Keller 2011: 78) versuchen hiernach Akteure, „durch resonanzfähige Deutungen ihrer Problemsicht möglichst breite öffentliche Zustimmung zu erhalten" (Keller 2011: 79). Im Kontext dieses Kapitels, und damit hinsichtlich der Faszination und dem Unsicherheitsgefühl in Verbindung mit Kriminalität, bedarf es keiner langen Recherche, um Beispiele für diese Prozesse zu finden. So ist es in Zeiten sozialer Medien längst nicht mehr nur die BILD-Zeitung, die regelmäßig vom Presserat unter anderem für Verletzungen des Opferschutzes, der Sorgfaltspflicht oder Schleichwerbung gerügt wird (Presserat 2022). Diese Prozesse könnten einen bedeutenden Einfluss auf das sogenannte Kriminalitätsparadoxon haben. Dieses besagt, dass die objektive Sicherheitslage und das subjektive Sicherheitsempfinden nur bedingt miteinander korrelieren (Hummelsheim-Doß 2016: 7). So zeigen Ältere und Frauen die höchste Furcht vor Kriminalität, obwohl diese Gruppen laut polizeilicher Kriminalstatistik die geringste Wahrscheinlichkeit besitzen, Opfer zu werden (Kreuter 2002: 25). Auch ist die Furcht von Einbrüchen, Körperverletzung und Raubdelikten gesunken, unabhängig vom statistisch verzeichneten Ausmaß der Deliktbegehung (Reuband 2012: 135). Die Ursachen hierfür könnten also zumindest anteilig im Zusammenhang von Berichterstattung und Deliktart liegen. Des Weiteren ist bekannt, dass Fälle sexualisierter Gewalt, deren Opfer häufiger Frauen sind, seltener angezeigt und somit eher im Dunkelfeld verbleiben (siehe Abbildung 12). Ebenso könnten fehlerhafte Messungen von Kriminalitätsfurcht, beispielsweise durch nicht kontrollierte Variablen, vermutet werden. So könnten unter den Älteren proportional mehr Frauen oder geschlechtsspezifische Antworttendenzen die Ursache sein. Hinzu kommt Kritik am üblicherweise verwendeten Item, dem Standardindikator. Dieser lautet in der Regel: ‚Wie sicher fühlen Sie sich in Ihrer Wohngegend, wenn Sie abends bei Dunkelheit allein auf die Straße gehen?‘ und wird mittels einer 5er-Likert-Skala von ‚sehr sicher‘ bis ‚sehr unsicher‘ beantwortet (Kreuter 2002: 27–28). Dieser gilt als unterkomplex, um das Konstrukt der Furcht umfassend abbilden zu können. Weitere Kritik bezieht sich auf die fehlende Nennung von Kriminalität als Bezugsgröße, womit uneindeutig bleibt, auf was sich das Sicherheitsgefühl bezieht und mit welcher Situation und welcher Deliktart der Befragte die Antwort in Verbindung bringt (Noack, 2015).

Polizeiliche Kriminalstatistik

Die häufigsten Quellen, die zur Erfassung des Ausmaßes von Kriminalität herangezogen werden, sind amtliche Statistiken, insbesondere die Polizeiliche Kriminalstatistik (PKS). Diese „enthält die der Polizei bekannt gewordenen rechtswidrigen Straftaten einschließlich der mit Strafe bedrohten Versuche, die Anzahl der ermittelten Tatverdächtigen und eine Reihe weiterer Angaben zu Fällen, Opfern oder Tatverdächtigen“ auf Basis von Daten, die dem Bundeskriminalamt von den Landeskriminalämtern geliefert werden (Bundeskriminalamt 2022). Grundlegend nicht erfasst werden demnach Delikte des Dunkelfelds, also jene, die den Behörden verborgen bleiben (siehe Abbildung 12).
Darüber hinaus sind weitere Aspekte zu nennen, welche die Aussagekraft der PKS hinsichtlich der realen Kriminalitätsbelastung beeinflussen. Dies sind zum einen Etikettierungsprozesse (siehe Kapitel 4.3.1): So könnte es sein, dass beispielsweise Personen ohne festen Wohnsitz häufiger wegen Diebstahldelikten angezeigt werden oder dass diese Personengruppe von der Polizei zumindest eher verdächtigt werden könnte. Hinzu kommt, dass Personen mit niedrigem Einkommen weniger Beschwerdemacht haben, also weniger Möglichkeiten und

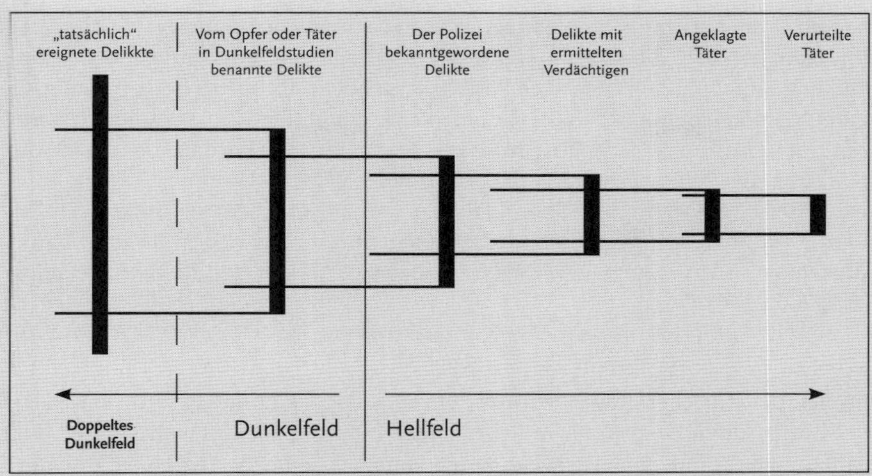

Abb. 12: Hell- und Dunkelfeld (Lüdemann/Ohlemacher 2002: 13)

damit schlechtere Chancen, sich in einem Strafverfahren einer Verurteilung zu entziehen (Lüdemann/Ohlemacher 2002:14). Hierzu bestehen empirische Erkenntnisse, dass „bei Betroffenheit oder Beobachtung von vermeintlich abweichendem Verhalten durch junge Ausländer seltener auf die Erstattung einer Anzeige verzichtet wird. Private Strafanzeigen fungieren in diesem Sinne als ein Mittel, einer wahrgenommenen Bedrohung entgegenzuwirken" (Mansel 2001: 301). Weiter lassen die Zahlen der PKS keinen Rückschluss zu, ob einer Zu- oder Abnahme der Einträge ein geändertes Anzeigeverhalten oder auch eine geänderte Aufklärungsrate durch beispielsweise einen größeren personellen Einsatz an Sicherheitskräften zugrunde liegt. In einem Bundesland mit einem stärkeren Fokus auf polizeilicher Ausstattung werden wahrscheinlich mehr Delikte zur Anzeige kommen, ohne dass dies eine Aussage darüber zulässt, ob dort auch mehr kriminelle Handlungen stattfinden. Schließlich ist zu hinterfragen, ob die erfassten Daten miteinander vergleichbar sind. Die vorliegenden Zahlen beziehen sich auf sogenannte Aggregate, also Städte, Kreise oder Bundesländer, in denen zum einen andere soziodemographische Voraussetzungen herrschen. Zum anderen haben die Strafverfolgungsbehörden in den unterschiedlichen Aggregaten unterschiedliche Befugnisse und Prioritäten in der Strafverfolgung. Was beispielsweise in einem Bundesland ein Delikt in Tateinheit darstellt, sind in einem anderen Bundesland separate Delikte.

Um diesen Problemen zu begegnen, werden sowohl Täter- als auch Opfer-Studien durchgeführt. Täter-Studien wollen mittels selbstberichteter Handlungen Licht ins Dunkelfeld bringen. Mittels zugesicherter Anonymität werden Etikettierungsprozesse ausgeschlossen, da der Täter unabhängig seiner Merkmale von seinen Taten berichten kann. Jedoch muss beachtet werden, dass sich der Täter im Laufe der Zeit, die seit der Handlung vergangen ist, hinsichtlich seiner Einstellungen und Wahrnehmungen ändern kann oder mit seinem Bericht versucht, einen persönlichen Vorteil zu erlangen. Auch die Opfer-Studien sollen den Bereich des Dunkelfelds erhellen, unter den Einschränkungen, dass überhaupt die Kenntnis der Opferwerdung vorliegt und beispielsweise Schamgefühl im Falle von häuslicher Gewalt oder Sexualdelikten eine Angabe nicht verhindern. Opfer-Studien können eine geeignete Methode sein, um mittels Längsschnitterhebungen ein geändertes Anzeigeverhalten belegen zu können (Lüdemann/Ohlemacher 2002:14–16).

Jenseits methodischer Fragen verortet der Präsident des Bundeskriminalamts, Holger Münch, einen Ursprung von Kriminalitätsfurcht in der „intensive[n] Berichterstattung über Verbrechen, Einzeltaten" (derstandard.de 2019), die durch die algorithmische Fokussierung von Interessensbereichen in sozialen Medien die objektive Perspektive verzerren und spektakuläre Ausschnitte der Realität zu einem gesamtgesellschaftlich relevanten sozialen Problem machen (siehe Soziale Probleme, Kapitel 4.2.1). Wie gezielt soziale Medien als Instrument zur Erzeugung von Furcht vor Kriminalität durch bestimmte Personen(-gruppen) eingesetzt werden, um politische Prozesse zu beeinflussen, zeigt nicht zuletzt der Fall von Cambridge Analytica und seine weltpolitischen Implikationen bei der Wahl Donald Trumps. Hierbei wurden Daten von Nutzern des Portals genutzt, um Wählerprofile zu erstellen und deren Meinungen gezielt zu beeinflussen (Dachwitz/Rudl/Rebiger 2018).

4.2 Kriminalitätsfurcht

Wie wird Furcht vor Kriminalität definiert? Im soziologischen Sinne reicht es nicht aus, die delinquente Handlung an sich zu betrachten. Gleichsam ist es nötig, die Tat als deviant vom derzeit gültigen Normkonsens einzustufen und damit als Bedrohung der öffentlichen Ordnung wahrzunehmen (Gehre 2014: 21). Dies kann Unsicherheit oder eben Furcht hervorrufen, die im Gegensatz zur Angst „eine Relation zwischen etwas Bedrohtem [...] sowie einer Bedrohung" aufweist (Dehne 2017: 37), also einen konkreten Bezug von beispielsweise einer dunklen Gasse und der körperlichen Unversehrtheit. Kriminalitätsfurcht ist dabei eng an soziale Kontrolle geknüpft. Wird deren Funktionalität zumindest angezweifelt, beeinflusst dies ganz konkret die Lebensqualität der Bevölkerung in emotionaler, psychischer und finanzieller Hinsicht (Baier et al. 2011). Gleichsam kann eine hohe Kriminalitätsfurcht ursächlich sein für „einen Verlust des Vertrauens in die Polizei und in einen Staat, der seine Bürger vermeintlich nicht zu schützen vermag. In letzter

Konsequenz kann dies zum Entzug der Unterstützung des politischen Systems durch die Bürger führen“ (Groll/Lander 2000: 93).

Empirische Forschungen zur Kriminalitätsfurcht in Deutschland nahmen in den 1970er Jahren ihren Anfang und orientierten sich zunächst an Viktimisierungserfahrungen der Befragten. Ab den 1990er Jahren erfuhr die Beschäftigung mit dem Thema einen Aufschwung, der auch weitere, gesamtgesellschaftliche Aspekte einbezog (Hirtenlehner/Hummelsheim-Doß/Sessar 2018: 459). Seither existieren eine Reihe breit angelegter Befragungen, so beispielsweise der ‚Deutsche Viktimisierungssurvey‘ (2012 und 2017) oder ‚SKiD – Sicherheit und Kriminalität in Deutschland‘, eine bundesweite Opferbefragung des Bundeskriminalamtes, die ab 2020 alle zwei Jahre durchgeführt werden soll.

Folgend soll die Kriminalitätsfurcht dazu dienen, Prozesse der sozialen Kontrolle, die in Verbindung mit Delinquenz stehen, zu erläutern. Hierzu wird eine Reihe von jüngeren theoretischen Perspektiven zur Erklärung von Kriminalitätsfurcht vorgestellt.

4.2.1 Perspektiven auf Kriminalitätsfurcht

Auf personaler Ebene angesiedelt liegt der *Viktimisierungsthese* die Annahme zugrunde, dass Kriminalitätsfurcht durch persönliche oder mittelbare Opferwerdung entsteht (Bals 2004: 59). Empirische Untersuchung zeigen allerdings, dass dieser Effekt, so er denn überhaupt auftritt, nur kurzfristiger Natur ist und sich darüber hinaus nur auf die Bewertung des Risikos der Opferwerdung und nicht auf das Unsicherheitsgefühl auswirkt (Hirtenlehner/Hummelsheim-Doß/Sessar 2018: 463). Hinzu kommt, dass Unklarheit darüber besteht, in welchem Fall „Befragte eine Viktimisierung überhaupt bemerken [...], als strafrechtlich relevanten Sachverhalt deuten [...], als Opferwerdung verstehen [...], berichten wollen [...]“ (Klimke 2019: 50). Ein enger Zusammenhang besteht mit der Einschätzung der eigenen ‚Coping-Fähigkeiten‘, den physischen und psychischen Ressourcen, um sich vor Kriminalität zu schützen bzw. mit ihr umzugehen. Kriminalitätsfurcht wäre somit das „Ergebnis einer Diskrepanz von Risikoantizipation und Bewältigungspotenzialen“ (Hirtenlehner 2006a: 1), welches Einfluss auf das Vulnerabilitätsempfinden zeigt. Während ältere Ansätze eine Unterscheidung nach sozialen (Status, Netzwerk) und physischen Komponenten (körperliche Konstitution, mentale Fähigkeiten) vornehmen (Skogan/Maxfield 1981: 96), differenziert Boers (Boers 1991) Coping-Ressourcen nach personalen und sozialen Dimensionen. Personale Indikatoren sind vor allem „Alter, Geschlecht und Angstneigung“, wobei neben biologischen und psychischen Merkmalen auch „die Bedeutung von Rollen- und Verhaltensmustern, die im Rahmen des Sozialisationsprozesses erworben werden“, hervorgehoben wird (Ziegleder/Kudlacek/Fischer 2011: 48). Soziale

Indikatoren sieht Boers im „sozialen Status (Schichtzugehörigkeit und Bildung) und der sozialen Integration" (Ziegleder/Kudlacek/Fischer 2011: 48). Dies umfasst ökonomische Ressourcen, eine „bessere[n] (realitätsnähere[n]) Beurteilung des Viktimisierungsrisikos" aufgrund von höherer Bildung sowie Rückhalt durch „Integration in Nachbarschaft, Berufsleben und gesellschaftlichen Alltag" (Ziegleder/Kudlacek/Fischer 2011: 49) und damit ein zumindest potentiell funktionales System sozialer Kontrolle.

Um die personale Ebene dafür zu öffnen, dass Menschen ihr Empfinden von Kriminalitätsfurcht unabhängig von ihrer Viktimisierungseinschätzung, sondern vielmehr aufgrund ihrer kognitiven, auch sozialisatorischen Disposition unterschiedlich bewerten, entwickelte Klimke (2008) eine Typologie von Sicherheitsmentalitäten (siehe Abbildung 13). Diese verbinden das Sicherheitsempfinden und Coping-Ressourcen mit sozialen Kriminalitätseinstellungen (siehe Kapitel 4.2.2). Mit dieser Konzeption soll der Blickwinkel weg von der direkten Beziehung zwischen Opfer und Täter, hin zu einer umfassenderen Perspektive gelenkt werden, die „das Ergebnis einer Übersetzung und Anwendung von Unsicherheitsdispositionen auf das Gesamtfeld der Kriminalität, [...] etwa kriminalpolitische Einstellungen, Alltagstheorien zur Erklärung und Prävention von Kriminalität usw." sind (Klimke 2019: 41).

Dimensionen (Auswahl)	**Pragmatischer**	**Ängstlicher**	**Eingreifer**	**Anklagender**	**Responsibilisierter**
Sicherheitsgefühl	Gemahnt sich zu gelassenem, sicherem Gefühl	Generell ängstlich	Selbstsicher und wehrhaft	Hoch unsicher und hilflos mit appellativer Bekundung	Hoch sicher, weiß sich zu schützen
Schutzmaßnahmen im öffentlichen Raum	Abwägen notwendig und beeinträchtigend	Ausufernd vermeidend und höchst alarmbereit	Selbstsicher, wachsam und wehrhaft	Gefährliche Viertel meidend, sonst eher leichtsinnig	Wachsam und wehrhaft
Wirkung persönlicher Schutzmaßnahmen	Ausreichend bis etwas passiert	Nie ausreichende eigene Schutzpraktiken	Zufrieden mit eigenem Sicherheitsmanagement	Klage: beeinträchtigende und kaum wirksame Schutzmaßnahmen	wirksame Abschreckung durch Schutzmaßnahmen

Abb. 13: Sicherheitsmentalitäten (Klimke 2008; aus Hahne/Hempel/Pelzer 2020: 32)

Die *Soziale Problem-Perspektive* postuliert, dass Kriminalität erst durch Art und Häufigkeit der Vermittlung im öffentlichen Diskurs zu einem sozialen Problem gemacht wird. Off- und online-Kommunikation bestimmen unseren Alltag und konstruieren Gegenstände und Perspektiven. Der öffentliche Diskurs hat eine Steuerungsfunktion, der uns durch Medien und andere Multiplikatoren des sozialen Umfelds Kriminalitätsfurcht als Problem spüren lassen kann. Dies ist insbesondere im Bereich der Kriminalität entscheidend, da diese dem Individuum in der Regel weit seltener persönlich begegnet, als sie durch Medien konsumierbar ist (Hahne/Hempel/Pelzer 2020: 44). Zusätzlich wird Delinquenz regelmäßig mit „sozialen Kontexten und Problemen ebenso wie mit ordnungspolitischem Handeln", weiter mit Themen wie Migration und Integration verknüpft und somit politisch aufgeladen (Hahne/Hempel/Pelzer 2020: 47). Dabei sorgt der Fokus auf spektakuläre Fälle von Delinquenz und profitorientierte Berichterstattung für eine Überschätzung des tatsächlichen Kriminalitätsausmaßes und des Bedrohungsrisikos (Landeskriminalamt NRW 2006), regelmäßig gefolgt vom Wunsch nach härteren politischen Maßnahmen, einer erhöhten Punitivität. Scheerer bezeichnete diesen Zusammenhang als „politisch-publizistischen Verstärkerkreislauf" (Scheerer 1978), einen Mechanismus, der in Zeiten sozialer Medien und ihren Echokammern steigende Bedeutung verzeichnet. Das Ergebnis dieses Teufelskreises ist eine übersteigerte, in sich geschlossene Konstruktion einer problematischen Realität in Teilen der Gesellschaft, die sich einer äußeren Beeinflussung zunehmend entzieht und eigene Normen und Werte bildet.

Soziale Probleme

Um eine gesamtgesellschaftliche Relevanz zu erhalten, muss ein Problem als Herausforderung wahrgenommen werden, die alle Mitglieder treffen kann, oder mit der sie sich zumindest auseinandersetzen müssen, um die soziale Ordnung zu wahren. Denn: Die Existenz des Sachverhalts wird negativ beurteilt, orientiert am Normkonsens der Gesellschaft. Damit stellt das soziale Problem das „Komplementärkonzept" zur sozialen Kontrolle dar (Groenemeyer 2001: 8). Am Beispiel der Kriminalität: Ein Diebstahl betrifft zum Zeitpunkt der Tatausführung den Täter und das Opfer. Wird jedoch Diebstahl aufgrund zahlreicher Tatbegehungen oder medialer Fokussierung als potentielle Gefahr für viele Bürger wahrgenommen, stellt er eine Bedrohung des Gesamten, ein soziales Problem dar, dem Instanzen der sozialen Kontrolle begegnen müssen.

Aufgrund der Vielfalt möglicher Erscheinungsformen existiert keine einheitliche Definition, sondern vielmehr zwei unterschiedliche Denkrichtungen in der Soziologie. Die objektivistische Position stellt eine „Diskrepanz zwischen sozialen Standards und sozialer Wirklichkeit" (Merton 1971: 799) fest. Dies bedingt einen Konsens über die Wirklichkeit und die in ihr wirksamen Normen: Es muss eine Basis an Einigkeit vorherrschen, was tatsächlich stattfindet und was erwünscht beziehungsweise unerwünscht ist. Gleiches gilt für die Beurteilung des Problems in Ursache und Definition (Albrecht 1990: 5–6). Funktional bei der Betrachtung von kleinen und mittelgroßen Gruppen mit subkulturellen, devianten Normorientierungen (siehe Kapitel 3.3.2), wird die Beantwortung bei der Betrachtung gesamter Gesellschaften empirisch nur schwer greifbar. Die interaktionistische Position hingegen fokussiert den Prozess der Definition eines Zustands als Problem und die Reaktion auf diese Feststellung (Albrecht 1990: 7–8). Hierbei wird verstärkt Bezug auf den Diskurs genommen und die darin erkennbare, subjektive Deutung der Akteure. Wer darf einen Sachverhalt zu einem sozialen Problem definieren, welche Machtstrukturen ermöglichen diese Position, mit welchen Mitteln und zu welchem Zweck wird versucht, diese Definition zu erreichen?

Bestimmender Grundgedanke der *Sozialen-Kontroll-Perspektive* sind wahrnehmbare Zeichen sozialer Desorganisation im sozialen und gebauten Umfeld. Als Symbole der Anomie (siehe Kapitel 2.4.2) deuten sie auf den Verlust der (in-)formellen sozialen Kontrolle in einem bestimmten Umfeld, häufig der unmittelbaren Nachbarschaft, hin. Sichtbare Zeichen dieser ‚incivilities' sind zum einen physische Formen wie beispielsweise Müll oder Graffiti an Hauswänden, die ein Gefühl der Unsicherheit hervorrufen können. Zum anderen zählen hierzu auch soziale Erscheinungen wie Obdachlose oder Drogenkonsumenten im Straßenbild, die als Mangel sozialer Kontrolle bewertet werden (Hahne/Hempel/Pelzer 2020: 33). Folge ist der Rückzug von Bewohnern, die sich an geltenden Normen orientieren, aus dem öffentlichen Raum und damit ein Rückgang sozialer Kontrolle, was weitere Verwahrlosung und Kriminalität begünstigt (Hohage 2004: 79–80). Dies erinnert nicht zu Unrecht an die Erkenntnisse von Shaw und Mc Kay (1942; siehe Kapitel 2.4.1) und die ‚Broken Windows' von Kelling und Wilson (1982; siehe Kapitel 2.3.1). Die Annahme, dass Nachbarn oder der Staat in Form seiner Organe keinen Schutz bieten, kann die Empfindung von Kriminalitätsfurcht sowie die Wahrscheinlichkeit, dass diese Bewohner das Umfeld verlassen, erhöhen. Incivilities können also ein Zeichen für den Vorgang sein, dass die Gesellschaft als solche die soziale Kontrollfähigkeit verliert und das Individuum zunehmend in seiner Unsicherheit auf sich selbst gestellt ist.

Ein weiterer sozialräumlicher Faktor bei der Entstehung von Kriminalitätsfurcht sind städtebauliche Strukturen. Je unwahrscheinlicher eine bestimmte Umgebung architektonisch zu Begegnungen mit Personen führen kann, die als potentiell bedrohlich wahrgenommen werden könnten, desto geringer ist das Unsicherheitsgefühl. Hier wird der Bezug zu gated communities und ihrem kontrollierten Personenkreis im Gegensatz zu häufig dicht besiedelten und von Anonymität geprägten benachteiligten Wohngebieten deutlich (siehe Städtische Segregation, Kapitel 2.2). Übersichtlichkeit und eine somit gewährleistete „soziale[n] Kontrollierbarkeit der Innen- und Außenräume" werden gegenüber dunklen, verwinkelten Gassen in einem sozial segregierten Wohngebiet bevorzugt (Hahne/Hempel/Pelzer 2020: 35).

Der *Generalisierungsthese* zufolge ist Kriminalitätsfurcht keine Reaktion auf spezifische Risiken, sondern „eine Projektion sozialer und existentieller Ängste, die aus gesellschaftlichen Transformationsprozessen gespeist werden" (Hirtenlehner 2006b: 307). Diese sind sowohl globaler, sozialer wie auch ökonomischer Art und vollziehen sich in hoher und weiter steigender Geschwindigkeit. Traditionelle Gewissheiten stehen zur Disposition; Erwartbarkeit und Berechenbarkeit alltäglicher Lebensprozesse weichen zunehmend einer abstrakten allgemeinen Verunsicherung, die große Teile der Bevölkerung zumindest potentiell umfasst (siehe Reflexive Modernisierung, Kapitel 2.2.2). „Kriminalität dient dabei als Metapher, um die transformationsbedingten Ängste artikulierbar zu machen" (Hirtenlehner 2006b: 307) und ist folglich die Materialisierung unausgesprochener, unterschwelliger Existenz- und Zukunftsängste, die sich in Kriminalitätsfurcht, dem Wunsch nach höherer Punitivität und Fremdenfeindlichkeit äußern können (Hirtenlehner/Groß/Meinert 2016). Empirische Erkenntnisse belegen, dass die Furcht vor Kriminalität mit „wachsender Leistungskraft wohlfahrtsstaatlicher Regulationsinstrumente" (Hirtenlehner 2009: 22) sinkt, womit ein geeignetes Mittel zur Reduzierung von Kriminalitätsfurcht angedeutet, zugleich jedoch auch in seiner operationalen Schwierigkeit skizziert wird.

Im Verhältnis zwischen Sicherheitsempfinden und sozialer Kontrolle spielt Vertrauen eine zentrale Rolle, als „Erwartungen in Bezug auf das zukünftige Verhalten von fremden Personen" (Hummelsheim/Oberwittler/Pritsch 2014: 409). Niklas Luhmann definiert Vertrauen als Mittel zur Reduktion sozialer Komplexität, um „unerwartetes Handeln auszuschließen" (Luhmann 2014: 26). Das Handeln anderer wird kalkulierbar, bewegt sich im Rahmen der eigenen Erwartungen und sorgt für Sicherheit im gesellschaftlichen Umgang (Hecker 2020: 29). Bezogen auf das Vertrauen gegenüber staatlichen Institutionen, soziale Kontrolle auszuüben und somit den Schutz der Bürger vor Kriminalität zu gewährleisten, stellen die Bürger dem Staat alle Maßnahmen zur Verfügung, „die den Zweck haben, konformes Verhalten zu erreichen oder in seinem Ausmaß zu erhöhen und abweichendes Verhalten zu verhindern oder in seinem Ausmaß zu reduzieren" (Lamnek/Vogel 2017: 273). So besitzt die Polizei ein Gewaltmonopol, um die Aufgabe der Verbrechensaufklärung und -bekämpfung auszuüben. Um diese Stellung zu rechtfertigen, bedarf es einer „normativen, moralischen Überzeugung der Rechtmäßigkeit polizeilicher Autorität und Legitimität" seitens der Bevölkerung (Sunshine/Tyler 2003: 514). Gemäß der ‚procedural justice theory' basiert Polizeivertrauen dabei zum einen auf instrumentellen Motiven. Die Abgabe persönlicher Freiräume an eine staatliche Institution muss mit einem persönlichen Nutzen verbunden sein: der effektiven Gewährleistung von Sicherheit und Schutz als Gegenleistung. Zum anderen wird ein gerechter und respektvoller Umgang erwartet, der normatives Vertrauen begründet: Die Art des Handelns seitens einer/s Polizisten/in lässt auf die soziale Anerkennung des Bürgers sowie die Intention der gesamten Institution schließen (Hecker/Starcke 2017: 226–227). Insgesamt zeigt die Empirie, dass die Polizei in Deutschland ein großes und im europäischen Vergleich überdurchschnittliches Vertrauen genießt (Corrieri/Müller 2022: 23). Jedoch unterliegt dieses Ergebnis differenzierenden soziodemographischen Faktoren. So wird geringes Polizeivertrauen durch jüngeres Alter, der Orientierung an Subkulturen mit devianten Normorientierungen, dem Konsum nicht-staatlicher Medien, instabile Nachbarschaftsverhältnisse sowie eine negative Beurteilung der demokratischen Strukturen des eigenen Landes begünstigt. Wechselnde empirische Befunde sind zu Geschlecht, Bildung und der Rolle des Migrationshintergrundes bekannt (Baier/Ellrich 2014, 44–47). Ein weiterer Aspekt ist die Wahrnehmung von incivilities, die der Polizei angelastet werden könnten (Hecker 2020: 30), ebenso wie die Angst vor technologischem Wandel und wirtschaftlichen Sorgen vor der Zukunft, die in Deutschland im internationalen Vergleich besonders ausgeprägt sind (Edelman Trust Barometer 2020). Weiter sind unter anderem Einkommen und Bildung bedeutend: Je geringer diese Variablen ausgeprägt sind, desto höhere Kriminalitätsfurcht wird berichtet (Hahne/Hempel/Pelzer 2020: 19–20).

Es findet sich ein potentieller Zusammenhang wieder: Je eher Menschen in den Dimensionen sozialer Ungleichheit benachteiligt sind, desto eher könnten sie Zweifel an der Legitimität und der Wirksamkeit sozialer Kontrolle durch staatliche Institutionen haben.

4.2.2 Kriminalitätseinstellungen

Furcht vor Kriminalität wird auch als ein Aspekt eines breiteren Gegenstands verstanden: den Kriminalitätseinstellungen. Vergleichbar mit der Forschung zu Radikalisierungsprozessen (siehe Kapitel 3.2) wird es dieser komplexen Thematik gerecht, eine analytische Trennung nach Einflussfaktoren vorzunehmen. Dies wurde im interaktiven Verständnismodell (Boers/Kurz 2001:130) durch die Verbindung von Mikro-, Meso- und Makroebene verwirklicht (siehe Abbildung 14). Soziale Milieus (Mesoebene) prägen demnach durch sozialstrukturelle Merkmale, Lebensstile und Normorientierungen nicht nur die Einschätzung des Individuums, ob die persönlichen Coping-Ressourcen für die Bewältigung bedrohlicher Situationen als ausreichend eingeschätzt werden (Mikroebene). Gleichsam haben sie Einfluss darauf, ob Kriminalität als gesamtgesellschaftliches Problem wahrgenommen wird und wie politisch und punitiv mit ihr umgegangen werden sollte (Makroebene). Das Modell verbindet die in 4.2.1 dargestellten Perspektiven auf Kriminalitätsfurcht und betrachtet „die kommunikativen und interaktionalen Prozesse in und zwischen diesen drei Ebenen als System-Umwelt-Beziehungen der beteiligten psychischen und sozialen Systeme“ (Boers 2002: 1413), um der als verengt kritisierten Betrachtung aus dem jeweiligen Blickwinkel einen ganzheitlichen Ansatz gegenüberzustellen.

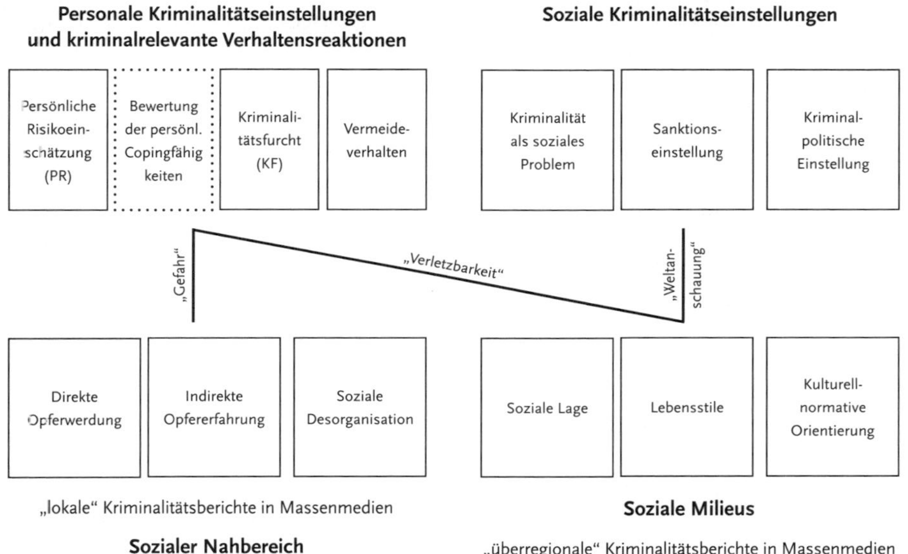

Abb. 14: Interaktives Verständnismodell von Kriminalitätseinstellungen (Boers/Kurz 2001: 130; aus Hahne/Hempel/Pelzer 2020: 43)

Zunächst zu den *sozialen Kriminalitätseinstellungen*. Diese beschreiben die Wahrnehmung von Kriminalität und deren Entwicklung als Bedrohung der inneren Sicherheit in gesamtgesellschaftlicher Dimension. Fällt diese Einschätzung positiv aus, hat dies Auswirkungen auf Werthaltungen und Vorstellungen darüber, in welcher Art und Weise der Staat die gültigen Normen schützen sollte. Dies betrifft Einstellungen hinsichtlich der Punitivität, die sich in Vorstellungen einer schärferen kriminalpolitischen Umsetzung sozialer Kontrolle manifestieren (Hirtenlehner 2006b: 309). Auf der Makroebene sozialer Kriminalitätseinstellungen ist der öffentliche Diskurs ein Ort der Aushandlung dieser Prozesse, wodurch der Bezug zur Sozialen Problem-Perspektive hergestellt wird. Dies hat weitreichende gesellschaftliche Folgen: Meinungsströmungen in Teilen der Bevölkerung werden in Wechselwirkung mit dem politisch-publizistischen Verstärkerkreislauf herangezogen, um beispielsweise schärfere Gesetze zu rechtfertigen.

Punitivität

Wird eine allgemeingültige und strafbewehrte Norm verletzt, erwartet der Bürger von den entsprechenden staatlichen Instanzen, dass diese soziale Kontrolle ausüben, die Tat durch Sanktionen als abweichend etikettieren und damit Schutz vor weiterer Devianz gewährleisten. Wird eine Bedrohung der Gesellschaft durch Kriminalität subjektiv empfunden und anomische Zustände befürchtet (siehe Kapitel 2.4.2), führt dies häufig zu einem Wunsch nach stärkerer sozialer Kontrolle: Es „wird eine Sorge um die soziale und moralische Verfassung von Gemeinde und Gesellschaft als Nährboden für gehobene Strafwünsche identifiziert" (Tyler/Boeckmann 1997; nach Hirtenlehner/Groß/Meinert 2016, 26). Eine möglichst harte Sanktion bietet Schutz vor Unsicherheit, da sich die In-Group als wehrhaft erweist und ihre Normen gegen zunehmend unübersichtliche globale Einflüsse konsequent verteidigt.
Die Punitivität ist also die Bezeichnung für eine Einstellung, die sich für „mehr, härtere oder längere Strafen" ausspricht. Dies bezieht sich im Detail auf „die Forderung nach Strafverschärfungen im gesellschaftlichen Diskurs, die Erwartung härterer/längerer Strafen durch die Bürger, die Neukriminalisierung oder Verschärfung bestehender Strafvorschriften, insbesondere durch Erhöhung der Strafdrohungen, die Verhängung von mehr, härteren oder längeren Strafen durch die Gerichte sowie auf Verschärfungen bei der Strafvollstreckung" (Heinz 2011: 14). Folgende Dimensionen können dabei unterschieden werden: Erstens die Strafziele, „d. h. die Präferenz eines Individuums für eher vergeltende bzw. resozialisierende Strafziele". Zweitens die Formen der Strafen, deren Untersuchungsgegenstände vor allem „die Todesstrafe, Inhaftierung oder Arbeitsstunden" sind. Drittens die Intensität von Strafmaßnahmen, womit „die Länge oder die Beschaffenheit der Freiheitsstrafe (offen vs. geschlossen etc.)" gemeint sind. Viertens die Formen strafpolitischer Richtlinien, die Auslegung von Rahmenbedingungen, wofür regelmäßig als Beispiel das „‚Three Strikes'-Gesetz in den Vereinigten Staaten, wonach nach der dritten Straftat automatisch eine besonders schwere Strafe folgt", genutzt wird (Adriaenssen/Aertsen 2015; nach Kemme/Doering 2015: 544).

Wird über das individuelle Sicherheitsgefühl gesprochen, wird dieses in der Regel „als ein mehrdimensionales Gefüge von kriminalitätsbezogenen Einstellungen" verstanden (Ziegleder/Kudlacek/Fischer 2011: 28). *Personale Kriminalitätseinstellungen* bündeln sich demnach um die individuelle Betroffenheit durch Kriminalität und lassen sich in drei Dimensionen definieren: Die *kognitive* Dimension umfasst zum einen die Einschätzung der allgemeinen Kriminalitätsentwicklung sowie des persönlichen Viktimisierungsrisikos, zum anderen der persönlichen Coping-Fähigkeiten (Hirtenlehner 2006: 309). So kann eine Person einerseits

Furcht empfinden und sich zugleich des geringen Risikos, Opfer einer Straftat zu werden, bewusst sein. Andererseits können Menschen eine Situation als bedrohlich erkennen, sich aber dennoch nicht fürchten. Wie das interaktive Modell nahelegt, sind für diese Einschätzung „persönliche Erfahrungen, die eigene soziale Lage, die kulturell-normative Orientierung, Lebensstil und [...] Informationen über Kriminalität" maßgeblich (Ziegleder/Kudlacek/Fischer 2011: 29).

Wird eine Situation als bedrohlich bewertet und die verfügbaren Bewältigungskompetenzen als unzureichend wahrgenommen, legt dies die Entstehung von Kriminalitätsfurcht nahe, der *affektiven* Komponente, die ein Unsicherheitsgefühl als „emotionale Reaktion auf antizipierte, als bedrohlich empfundene kriminelle Ereignisse" beschreibt (Köhn/Bornewasser 2012: 2). Der Einfluss dieser subjektiven Größe wird nicht zuletzt darin deutlich, dass sich kommunale Kriminalprävention regelmäßig auf diese bezieht, jenseits der tatsächlichen Kriminalitätsrate.

Die *konative* Dimension umfasst das resultierende Schutz- und Vermeideverhalten. Dieses ist für das Individuum mit der Hoffnung verbunden, das Risiko der Opferwerdung zu minimieren, bedeutet jedoch zugleich hohe Kosten im sozialen und ökonomischen Bereich sowie in der Lebensqualität (Ziegleder/Kudlacek/Fischer 2011: 47). Defensive Ausprägungen liegen in der bewussten Vermeidung von Orten, Personen(-gruppen) und potentiell bedrohlichen Situationen, bis hin zum Rückzug in Isolation, wie es in der Prepper-Bewegung oder beispielsweise gated communities (siehe Kapitel 2.2.3) sichtbar wird. Als Beispiel für Schutzmaßnahmen kann die Sicherung von Eigentum durch Alarmanlagen oder den Einbau eines Safes genannt werden (Köhn/Bornewasser 2012: 2). Denkbar sind auch offensive Verhaltensweisen, wie beispielsweise die präventive Bewaffnung oder die Organisation von Demonstrationen oder Bürgerwehren, um sich vor antizipierten Bedrohungen zu schützen. Individuen oder Gruppen nehmen ihre Sicherheit selbst in die Hand, wenn sie dem Staat und seinen Institutionen die Ausübung sozialer Kontrolle absprechen. Während konative Maßnahmen hauptsächlich in Alltagsroutinen integriert wird, die den persönlichen sowie den Schutz des sozialen Nahfelds erhöhen sollen, verbleibt die Aufgabe, gesamtgesellschaftlich für soziale Kontrolle zu sorgen, bei staatlichen Institutionen, vor allem der Polizei (Ziegleder/Kudlacek/Fischer 2011: 60–62).

4.3 Klassiker der sozialen Kontrolle und Kriminalität

4.3.1 Labeling Approach

Während sich ätiologisch geprägte Forschungen täterorientiert mit den gesellschaftlichen Ursachen von delinquentem Verhalten befassen, nimmt der Labeling Approach eine andere Perspektive ein, an die sich jüngere Forschungen zum Zusammenhang von Kriminalität und sozialer Kontrolle anknüpfen lassen. In seinem Kern stehen interaktionistische Zuschreibungsprozesse, die eine Handlung von außen als nicht normkonform etikettieren, deren Folgen sowie die unterschiedlichen Optionen, die einer etikettierten Person oder Gruppe als Reaktion darauf zur Verfügung stehen.

Der Labeling Approach sieht den Ursprung von Kriminalität somit in der Stigmatisierung von Individuen beziehungsweise deren Verhalten, das durch ‚Moralunternehmer' als deviant gekennzeichnet wird (Becker 2019: 7). Dabei ist es je nach Definition unerheblich, ob tatsächlich eine objektiv deviante Handlung vorliegt. Die folgende Ausgrenzung schränkt die konformen Handlungsmöglichkeiten der etikettierten Person bedeutend ein: Da sie als Abweicher gilt, wird ihr die Fähigkeit zur Befolgung von Normen weniger zugetraut. Dies kann gravierende Konsequenzen haben, beispielsweise bei der Arbeits-, Wohnungs- und/oder Partnersuche, der Verbindung zu sozialen Netzwerken und dem Empfinden von sozialem Prestige und/oder Status (Lüdemann/Ohlemacher 2002: 42–43). In Verbindung mit diesen eingeschränkten normkonformen Handlungsoptionen bedeutet die Etikettierung zugleich eine stete Konfrontation mit dem Stigma durch die soziale Umwelt. Dies muss zwar nicht zwangsläufig der Fall sein, zum Beispiel, wenn die Handlung im Dunkelfeld verbleibt (siehe Kapitel 4.1) oder ein hoher Status und eine damit verbundene starke Beschwerdemacht des Normbrechers die Folgen der Etikettierung abfedern kann. Ist dies nicht der Fall, kann jedoch eine Übernahme der veränderten Rollenerwartungen in das Selbstbild erfolgen und das Individuum dem devianten Bild, das von ihm in der sozialen Umwelt existiert, entsprechen. Dies gilt vor allem, wenn die konformen Handlungsmöglichkeiten bedeutend eingeschränkt sind. Folgt nun weitere Devianz, wird das Fremdbild bestätigt und die zuvor geschilderten Prozesse setzen sich erneut und verstärkend in Gang und ein Teufelskreis entsteht (siehe Abbildung 15). Die sozialen Ausgrenzungs- und Kontrollmechanismen durch das soziale Umfeld können eine abweichende Karriere, bis hin zur Integration in Gruppen mit devianten oder delinquenten Normvorstellungen begründen (Becker 2019, 20f.) (siehe Kapitel 3.3.2).

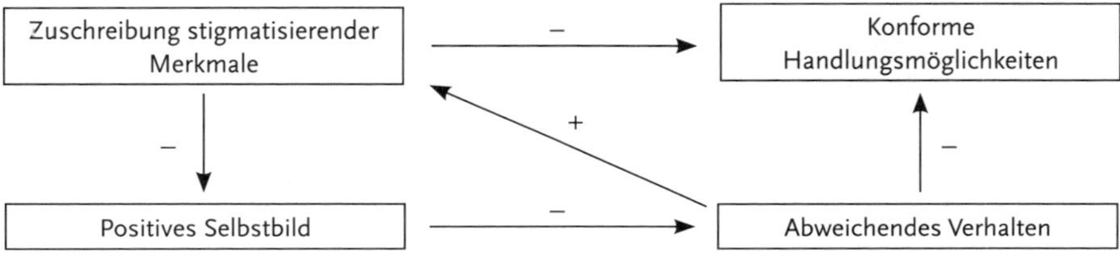

Abb. 15: Die Annahmen des Labeling-Ansatzes (Lüdemann/Ohlemacher 2002: 45)

Basierend auf Frank Tannenbaums frühen Überlegungen zur Bedeutung der sozialen Umwelt in diesem Prozess (Tannenbaum 1938) prägte zunächst Edwin M. Lemert diesen Ansatz mit der Unterscheidung zwischen primärer und sekundärer Devianz. Die primäre Devianz besteht in einem Verhalten, das von der Mehrheitsnorm abweicht. Das Individuum kann zwar den Normbruch wahrnehmen, definiert den eigenen Status jedoch nicht über die Tat. Folge der primären Devianz kann anschließend eine Reaktion von außen sein: Der Person wird die Rolle des Abweichers zugeschrieben, was seinem eigenen Selbstbild nicht entspricht. Aus diesem Konflikt kann die Übernahme des Fremdbilds resultieren und die Person passt das eigene Verhalten an die Rollenerwartungen an. Dieser Prozess, der sich selbst verstärkt, wird sekundäre Devianz genannt (Lemert 1951): abweichendes Verhalten als Reaktion des Individuums auf die Reaktion gesellschaftlicher Akteure.

Howard S. Becker legte 1963 seinen Fokus auf die „situations- und personenspezifische“ Selektivität der Normanwendung (Lamnek 2018: 234), die zugrundeliegenden Machtverhältnisse und die Gefahr einer self-fulfilling prophecy (Becker 2019). Er nimmt demnach Bezug darauf, dass die Etikettierung einer Abweichung Machtstrukturen voraussetzt, die es den ‚Moralunternehmern‘ überhaupt erst ermöglichen, ein Verhalten als deviant zu labeln und somit soziale Kontrolle auszuüben. Dementsprechend werden Normbrüche selektiv als abweichend markiert, je nachdem, als wie schwerwiegend diese von der Gruppe der Etikettierenden beurteilt werden: „Von diesem Standpunkt aus ist abweichendes Verhalten keine Qualität der Handlung, die eine Person begeht, sondern vielmehr eine Konsequenz der Anwendung von Regeln durch andere und der Sanktionen gegenüber einem ‚Missetäter‘. Der Mensch mit abweichendem Verhalten ist ein Mensch, auf den diese Bezeichnung erfolgreich angewandt worden ist; abweichendes Verhalten ist Verhalten, das Menschen als solches bezeichnen“ (Becker 2019: 4).

Der Prozess der Durchsetzung von Regeln beginnt mit der Existenz eines ‚Regelsetzers‘, dessen normative Vorstellungen, entwickelt in Sozialisationsprozessen und legitimiert durch den sozialen Status, Allgemeingültigkeit erlangen sollen: „[D]ass moralische Kreuzzüge von den oberen Rängen der Sozialstruktur beherrscht werden […] bedeutet, dass sie die Macht, die sie aus der Legitimität ihrer moralischen Position ableiten, noch um jene Macht verstärken, die sie aus ihrer höheren Position in der Gesellschaft ableiten“ (Becker 2019: 124). Hierzu bedarf es Unterstützern, die eine ähnliche Normorientierung haben oder sich anderweitig Vorteile davon erhoffen, dass sich die Vorstellungen des Regelsetzers im gesellschaftlichen Konsens prominent abbilden. Damit es dazu kommt, bedarf es der Hilfe institutioneller Akteure, die an Entscheiderpositionen in Politik, Justiz und Medien als Multiplikatoren wirken können (Becker 2019: 123f.). Gelingt dies, kommt den ‚Regeldurchsetzern‘ die Aufgabe zu, die Einhaltung der Norm zu überwachen und Normbrüche zu ahnden. Dabei ist es unerheblich, ob die handelnden Personen von der Norm überzeugt sind: Mitarbeiter von beispielsweise Polizei und Justiz sind bürokratisch dazu verpflichtet (Becker 2019: 129f).

Jede erfolgreiche Handlung der Regeldurchsetzer bringt einen Außenseiter hervor, dessen öffentliches Bild künftig vom Normbruch beeinflusst sein wird: „Einen Menschen zu behandeln, als sei er generell und nicht nur spezifisch abweichend, erzeugt eine sich selbst erfüllende Prophezeiung“ (Becker 2019: 26). Ein „drastischer Wandel bezüglich der öffentlichen Identität eines Individuums“ (Becker 2019: 25) ändert das Verhältnis zwischen Individuum und Gesellschaft nachhaltig und mindert die konformen Handlungsmöglichkeiten, worauf das Individuum mit weiterer Abweichung reagiert. Einerseits aufgrund der Einschränkung legitimer Wege, andererseits aufgrund der Übernahme des Fremdbilds in das Selbstbild.

HOWARD SAUL BECKER

Howard Saul Becker gilt bis heute als einer der profiliertesten noch lebenden Soziologen. Diesen Ruf verdankt er neben seinen zahlreichen Veröffentlichungen und Preisen in verschiedenen Feldern der Soziologie vor allem seinem Interesse an Kunst und Musik. Geboren am 18. April 1928 in Chicago, entdeckte Becker früh seine Leidenschaft für das Klavier und spielte bereits als Teenager in Etablissements des Nachtlebens. Diese Erfahrungen spiegelten sich in den Werken seiner späteren Karriere wider, die Soziologie bezeichnete er dabei zu Beginn als Hobby.

Er studierte Soziologie an der Universität von Chicago, wo er gemeinsam mit seinen Kommilitonen Erving Goffman und Anselm Strauss die Tradition der Chicago School in zweiter Generation fortführen sollte. Er beruft sich dabei vor allem auf Everett C. Hughes, ist jedoch gleichsam durch Herbert Blumer am symbolischen Interaktionismus orientiert. Im Jahr 1951 schloss er im Alter von 23 Jahren die Promotion ab. Es folgten 14 Jahre, in denen Becker an zahlreichen Universitäten Lehraufträge annahm, um Karriereverläufe zu untersuchen. Im Jahr 1965 wurde Becker Professor für Soziologie an der ‚Northwestern University', an der er bis 1991 blieb. Sein Weg führte ihn darüber hinaus an Hochschulen in Manchester und Rio de Janeiro, bevor er 1991 als Professor für Soziologie und 1996 als außerordentlicher Professor für Musik an der ‚University of Washington' bis zu seinem Ruhestand im Jahr 1999 arbeitete.

Insbesondere Beckers Veröffentlichung ‚Outsiders' von 1963 gilt bis heute als bahnbrechende Arbeit hinsichtlich der Erforschung abweichenden Verhaltens, genauer des Labeling Approach. Sein Konzept sah Devianz als soziale Konstruktion, deren Zuschreibung bestimmte Gruppen mit Kriminalität und Kriminalisierung in Verbindung bringt. Menschen handeln nicht abweichend, ihr Handeln wird als abweichend definiert. Er zieht hierzu Konsumenten von Marihuana und Musiker als Beispiele heran und konnte zahlreiche Erfahrungen aus seiner Zeit als Pianist nutzen. ‚Outsiders' befasst sich zudem mit Karrieren der Abweichung, verdeutlicht anhand der Berufswahl als Musiker und einem damit als deviant etikettierten Lebensweg. Somit legte Becker das Fundament dafür, den Fokus weg vom Individuum und hin zur Rolle von Institutionen zu richten. Weitere wichtige Arbeiten Beckers befassten sich mit Kunstsoziologie und dem Verständnis von Kunst als Produkt kollektiven Handelns. Insbesondere ‚Art Worlds', erschienen 1982, beschreibt die Notwendigkeit der Koordination sozialer Beziehungen zwischen Individuen, um Kunst als solche zu verstehen und erschaffen zu können. Ein weiterer bedeutender Strang in Beckers Werk ist eine Trilogie über wissenschaftliche Praxis: Schreiben, Methodik und die Kontextualisierung von Artefakten.

Becker erhielt zahlreiche Ehrungen für seine Forschungen, zum Beispiel 1987 den ‚George Herbert Mead Award' der ‚Society for the Study of Symbolic Interaction', 1998 den ‚Award for Career of Distinguished Scholarship' der ‚American Sociological Association' und verfügt über Ehrendoktorwürden internationaler Universitäten. Becker lebt heute mit seiner zweiten Frau in San Francisco und Paris.

18. April 1928	Geburt in Chicago, Illinois, USA
1951	Promotion in Soziologie an der University of Chicago
1965	Professor für Soziologie an der Northwestern University, Evanston
1987	‚George Herbert Mead Award' der ‚Society for the Study of Symbolic Interaction'
1991	Professor für Soziologie an der University of Washington
1995	Lehrbeauftragter an der School of Music, Seattle
1996	außerordentlicher Professor für Musik an der University of Washington
1998	‚Award for Career of Distinguished Scholarship' der ‚American Sociological Association'

Zu Howard Beckers bedeutendsten Werken gehören:

Becker, Howard S. (1963) Outsiders. Studies in the Sociology of Deviance. New York: The Free Press.

Becker, Howard S. (1982) Art Worlds. Berkeley: University of California Press.

Becker, Howard S. (1986) Writing for Social Scientists. How to Start and Finish Your Thesis, Book, or Article. Chicago: University of Chicago Press.

Becker, Howard S. (1997) Tricks of the Trade: How to Think about Your Research While You're Doing It. Chicago: University of Chicago Press.

Becker, Howard S. (2007) Telling about Society. Chicago: University of Chicago Press.

Noch weiter geht der radikale Ansatz von Fritz Sack. Er stellt den Akt des Normbruchs als solchen in Frage, denn er sieht Kriminalität grundsätzlich als Folge von Etikettierungsprozessen, die auf Machtstrukturen zurückgehen. Im Sinne Durkheims (siehe Kapitel 1) existiert demnach keine Kriminalität, sie wird gesellschaftlich konstruiert. Dies unterscheidet seinen „marxistisch-interaktionistischen" (Sack 1972: 25) Ansatz von Lemert und Becker: Während diese mit der primären Devianz bzw. dem Normbruch eine objektive beobachtbare Handlung des Individuums voraussetzen, die gegen den Normkonsens der Gesamtgesellschaft verstößt, bezeichnet Sack das Labeln dieser Handlung als „soziale Karriere eines zunächst physikalischen Geschehens“ (Sack 1972: 19), das grundsätzlich jedem anderen Handeln gleichgestellt werden könne und erst durch die Beurteilung von außen Bedeutung erlangt: „Die Handlung selbst liefert ihre eigene Interpretation nicht mit. Diese wird an sie von außen herangetragen. Zwei physikalisch gleich ablaufende Geschehnisse können durchaus eine unterschiedliche Interpretation zulassen“ (Sack 1968: 465). Sacks Ansatz beschäftigt sich demnach nicht mit Ursachen von Verhalten, sondern sieht Zuschreibungen als die einzige Basis zur Kriminalisierung von Handlungen. Bedeutend sind diesbezüglich die Machtstrukturen, die diesen Prozess bestimmen. Sack konstatiert eine starke Selektivität zu Lasten der Unterschicht, weil ihre Wahrscheinlichkeit, als kriminell etikettiert zu werden, deutlich höher ist (Sack 1968: 472–473). Neben der formellen sozialen Kontrolle durch beispielsweise Gesetze und Gerichte spielen auch hier Instanzen informeller sozialer Kontrolle eine bedeutsame Rolle: „Die informelle soziale Kontrolle [...] vermag in vielen Situationen und bei manchen Typen abweichenden Verhaltens nachhaltiger und wirksamer zu funktionieren als jede andere Form offizieller Kontrolle“ (Sack 1968: 455). Nach Sack determinieren „die Klassenstrukturen [...] auch die Verteilung der Kriminalitätszuweisung“ (Lamnek 2018: 239), auf Basis von Dimensionen sozialer Ungleichheit (siehe Abbildung 16).

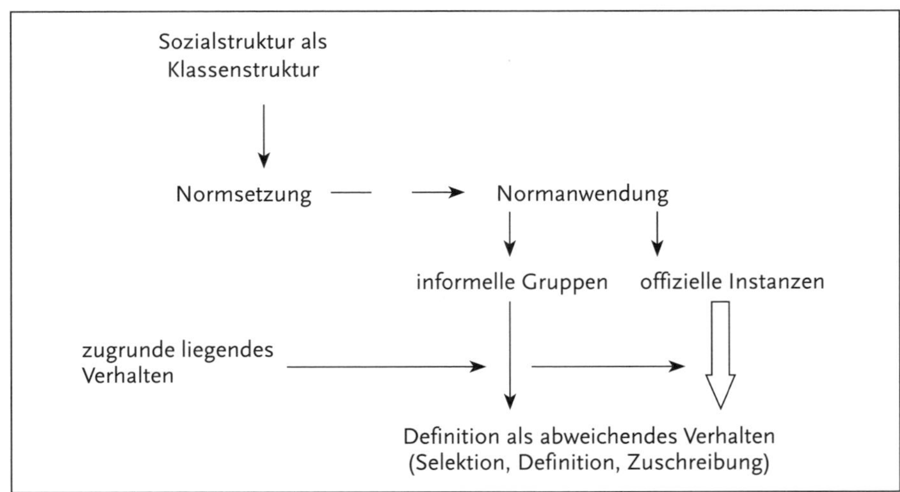

Abb. 16: Variablenkonstellation in der theoretischen Auffassung Sack's (Lamnek 2018: 240)

Der Labeling Approach stellt eine bedeutende Perspektive der kritischen Kriminologie dar, die den Blick weg von der ätiologischen Täterorientierung, hin zu „gesellschaftlichen Kontrollinstitutionen, die die Kategorien der Kriminalität –

und allgemeiner: der Abweichung – verwalten und anwenden“ und damit auf strukturelle, in sozialer Ungleichheit verortbare Einflussfaktoren richtet (Stehr 2012: 431). Zwar wird der Ansatz dahingehend kritisiert, dass er den Entstehungsgründen der initialen, primären Devianz nicht genügend Beachtung zukommen lassen würde. Gleichsam würden Etikettierungsprozesse als reine Ursache und nicht als Symptom bewertet, ebenso wie die Fähigkeit gelabelter Individuen und Kollektive, sich gegen diesen Kreislauf und den Weg in eine abweichende Karriere zu wehren, unterbeleuchtet bliebe (Hohmeier 2010: 173). Jedoch erweitert der Labeling Approach den Blick auf den Einfluss gesellschaftlicher Reaktionen auf Kriminalität: Delinquenz aufgrund von Sanktionen durch Instanzen sozialer Kontrolle, die „Deutungsmacht sozialer Institutionen [...], die herrschende Deutungen reproduzieren und mit deren Hilfe Ausschlüsse produziert und reproduziert werden: Die institutionellen Deutungen der Justiz, der Verwaltung, der sozialen Arbeit oder der Schule, die in der Ordnung der Leben jener Menschen, die von ihnen gedeutet werden, hochgradig wirkmächtig sind“ (Dellwing 2019, XIII).

4.3.2 Rational Choice

Eine weitere Perspektive auf den Zusammenhang zwischen Delinquenz und sozialer Kontrolle ermöglichen ökonomische Kriminalitätstheorien, die sich der individuellen Perspektive einer Kosten-Nutzen-Abwägung widmen, aus der sich Rückschlüsse auf die gesellschaftlichen Verhältnisse schließen lassen. Die Bedingungen, unter denen Handlungen auf der Mikroebene stattfinden, sind dabei auf der Makroebene festgelegt (Lamnek/Vogel 2017: 166). Basierend auf dem methodologischen Individualismus, nach dem Handlungen der Mikroebene Funktionsweisen der Makroebene erklären, versucht die Rational-Choice-Theorie „die Erklärung kollektiver Effekte aus Annahmen über individuelles Handeln“ (Diekmann/Voss 2004: 14).

Kurz gefasst stehen Individuen häufig vor Situationen und Gelegenheiten, in denen kriminelle Handlungen eine potentielle Handlungsoption darstellen (Cornish/Clarke 1986; Cohen/Felson 1979, siehe Kapitel 2.3.3). Delinquenz entsteht, wenn das Individuum unter Berücksichtigung seiner Ziele und Ressourcen in einer rationalen und freien Abwägung die zweckrationale Entscheidung trifft, dass durch delinquentes Handeln ein höherer Nutzen als Kosten zu erwarten ist. Der Rational Choice-Ansatz gehört zu den allgemeinen Handlungstheorien und beansprucht Gültigkeit sowohl für normkonformes als auch für abweichendes Verhalten.

Soziologische Handlungstheorien

Nach der Definition von Max Weber aus dem Jahr 1922 ist die Soziologie „eine Wissenschaft, welche soziales Handeln deutend verstehen und dadurch in seinem Ablauf und seinen Wirkungen ursächlich erklären will" (Weber 1972: 1). Demnach steht die soziale Handlung im Kern der Disziplin. Hierbei handelt es sich um ein „äußeres oder innerliches Tun, Unterlassen oder Dulden", „welches seinem von dem oder den Handelnden gemeinten Sinn nach auf das Verhalten anderer bezogen wird und daran in seinem Ablauf orientiert ist" (Weber 1972: 1). Damit „wird Handeln durch Entscheidungsfähigkeiten und Entscheidungsmöglichkeiten der Handelnden bestimmt und im Hinblick auf seine sozialen Effekte betrachtet" (Bonß et al. 2013: 7). Ob nun Handeln eher auf Verstand, Sinnhaftigkeit, Emotionen oder makrostrukturelle Einflüsse zurückgeführt werden kann, ist Gegenstand einer langen Tradition theoretischer Entwicklungen, die jeweils differenzierte Aspekte fokussierten.

Beginnend mit den Erkenntnissen von Hume oder Smith, wonach aus Handlungen gesellschaftliche Ordnungen entstehen, über Pareto oder Weber, welche die Rationalität des Individuums relativierten, wurde der Weg der Betrachtung zunehmend hinsichtlich des Einflusses makrogesellschaftlicher Perspektiven geöffnet, also dem strukturellen Einfluss von Institutionen und/oder sozialen Systemen auf das Individuum (Bonß et al. 2013: 8–9). Zu nennen wäre hier exemplarisch Émile Durkheim, wonach „gesellschaftliche Strukturen als ‚soziale Tatsachen', die sich nicht auf individuelles Handeln zurückführen lassen, sondern eigenen, sozialen Prinzipien oder Gesetzen folgen", betrachtet werden können (Bonß et al. 2013: 9). Weiter zeigen die Theorien von Giddens, Bourdieu oder Habermas, dass soziale Strukturen „als ermöglichender beziehungsweise beschränkender gesellschaftlicher Rahmen" wirken, während diese Strukturen für Goffman und Garfinkel als „zu erschließender Interaktionsrahmen" für Darstellungen fungieren. Für Schütz, Blumer und Luckmann wiederum stellt Gesellschaft vielmehr „objektive Sinnstrukturen", für Olson, Coleman, Hirschman und Hedström „Gelegenheitsstrukturen" dar (Bonß et al. 2013: 268). Diese Auswahl verdeutlicht, dass in der Geschichte der soziologischen Beschäftigung mit dem Begriff des sozialen Handelns unterschiedliche und spezifische Blickwinkel angelegt wurden, um ihn Begriff greifbar zu machen. Das Ziel war dabei stets, „Orientierungs-, Interaktions-, Interpretations- oder Abstimmungsfragen der Akteure im sozialen Zusammenleben" zu erkennen (Bonß et al. 2013: 273).

Drei Grundannahmen stehen dabei im Kern der Rational Choice-Theorie:

Die *Präferenz-Annahme* besteht darin, dass ein Individuum Vorlieben oder Ziele hat, die es erreichen oder verwirklichen will. Diese individuellen Präferenzen sind sozialisatorisch entwickelt und betreffen meist Vorstellungen, die mit der

Mehrheitsgesellschaft geteilt werden: Vermögen, Bildung, Prestige und Anerkennung. Andere Wünsche hingegen sind situativer Natur und entspringen bestimmten Konstellationen, sind jedoch gleichsam in den Norm- und Wertorientierungen des Individuums verankert.

Im Sinne der *Restriktions-Annahme* unterliegt das individuelle Handeln subjektiven und objektiven Rahmenbedingungen, welche die Möglichkeiten des Individuums zur Befriedigung seiner Präferenzen erhöhen oder verringern. Zur Umsetzung stehen jeweils spezifische Ressourcen zur Verfügung, die in der Gesellschaft ungleich verteilt sind (siehe Anomie bei Merton, Kapitel 2.4.2). Während objektive Rahmenbedingungen den Dimensionen der sozialen Ungleichheit entsprechen (siehe Kapitel 2), sind subjektive Aspekte eher im Individuum selbst verhaftet (beispielsweise ein schlechtes Gewissen bei Normbruch durch individuelle sozialisatorische Prägung). Jede Person hat ihre eigene Gewichtung der Variablen: „Ein Individuum bestimmt die Kosten und Nutzen einer Handlung aufgrund persönlicher Wertvorstellungen (internalisierte Werte), seiner aktuellen Lebenssituation (bspw. relative Deprivation), den sich bietenden Umständen (bspw. Gelegenheit zu einer Straftat, Mithilfe durch andere Personen) und seinen bisherigen Erfahrungen mit legalem, respektive illegalem Handeln (Lernprozesse)" (Imhof/Becker 2008: 2363).

Die *Nutzenmaximierungs-Annahme* bezieht sich schließlich auf die Entscheidung für ein bestimmtes Handeln, mit dem das Individuum seine Präferenzen, unter Berücksichtigung der Handlungsrestriktionen, maximal zu realisieren versucht (Bamberg/Davidov/Schmidt 2008: 143; Opp 1999: 173). In diesem Kontext kann an die *Subjective Expected Utility*-Theorie (SEU) angeknüpft werden (Savage 1954). Hiernach wägt das Individuum auf der Nutzen-Seite ab, welche „Annehmlichkeit oder Unannehmlichkeit von Handlungskonsequenzen" mit welcher Wahrscheinlichkeit eintritt (Eifler/Schulz 2007: 141). Falls diese Abschätzung nicht möglich ist, ersetzen subjektive Kategorien von Erwartungen und Risiko diese Information.

Dennoch könnte ein Mechanismus das Individuum von abweichendem Verhalten abhalten, obwohl die Kalkulation für Devianz spricht: das Konzept der Selbst- und Fremdkontrolle (Gottfredson/Hirschi 1990; siehe Kapitel 3.3.1). Dieses betont „weniger die Situation als vielmehr die überdauernden Eigenschaften von Akteuren" (Eifler/Schulz 2007: 140). Hiernach orientieren sich Personen mit geringer Selbstkontrolle eher an der situativen Bewertung und beziehen negative, mittel- und langfristige Konsequenzen nicht ausreichend in ihre Kalkulation ein (Eifler/Schulz 2007: 143). Eine hohe Selbstkontrolle hingegen führt eher zu einem Entscheidungsprozess, der alle Variablen gewichtet und einbezieht. Der Einfluss der Selbstkontrolle auf Delinquenz findet empirische Bestätigung, zumindest hinsichtlich des „subjektiven erwarteten Nutzen" kriminellen Handelns (Eifler/Schulz 2007: 158).

Die Rational-Choice-Theorie knüpft an die klassische Schule der Kriminologie an. Stellvertretend für eine Reihe früher Theoretiker (unter anderem Bentham

1789 (1966) oder von Feuerbach 1832 (1983) formulierte Cesare Beccaria 1764 die Annahme, dass der Mensch über einen freien Willen verfügt, in kompletter Eigenverantwortung handelt und daher im Stande ist, Kosten-Nutzen-Rechnungen hinsichtlich seines Verhaltens durchzuführen. Da jeder Mensch in bestimmten Situationen vor diesen Entscheidungen steht, ist auch jeder Mensch dazu fähig, abweichend zu handeln. Ein geeigneter Weg des gesamtgesellschaftlichen Umgangs besteht für ihn in einem transparenten Strafrecht, das angemessen, tatorientiert und auf Abschreckung abzielend den entstandenen Schaden kompensiert, ohne die Punitivität am Täter und seinen Persönlichkeitsmerkmalen auszurichten (Beccaria 1764). Im Zentrum steht die Situation der Tat, da sich die Unterschiede der an sich gleichen Individuen nur anhand ihres Handelns offenbaren. Somit unterscheidet sich die Rational-Choice-Theorie sowohl von der täterorientierten Perspektive ätiologischer Theorien als auch vom strukturell-institutionellen Blickwinkel des Labeling Approach.

Ein prägender Akteur dieser interdisziplinär geprägten Denkfigur ist Gary S. Becker, dessen Werke „Crime and Punishment: An Economic Approach" von 1968 sowie „The economic approach to human behavior" aus dem Jahr 1976 den Startpunkt für Rational Choice als Handlungstheorie setzte. Er führte den Idealtypus des Homo Oeconomicus, des ausschließlich rational und wirtschaftlich denkenden und handelnden Menschen (hierzu Franz 2004: 4), über die Grenzen der Wirtschaftswissenschaften hinaus und wendete dessen Grundsatz der rationalen Präferenzerfüllung auf das gesamte menschliche Handeln an. Dabei unterstellt er dem Individuum keinen reinen Fokus auf Egoismus und materiellen Gewinn, sondern erweitert die Perspektive auf zahlreiche Aspekte, die für das Individuum spezifisch Nutzen bedeuten könnten. Diese Motive können egoistisch, altruistisch, boshaft oder masochistisch sein, sind jedoch immer und beständig zukunftsorientiert bei gleichzeitiger Anbindung an biographische Erfahrungen. Als entscheidende Einflussfaktoren nennt er unter anderem Einkommen, Zeit, ein unvollkommenes Gedächtnis, die Kapazitäten des Akteurs, Kalkulationen vorzunehmen sowie die Gelegenheiten, die sich dem Individuum bieten. Die Bedeutung dieser Faktoren variiert situativ (Becker 1993: 1). Bezogen auf Delinquenz sieht Becker zudem eine große Bedeutung von ethischen und moralischen Wertorientierungen (Becker 1993: 5). Der Prozess der Entscheidungsfindung lässt sich in Informationsphase, Bewertungsphase und Lösung ausdifferenzieren, die „unter den Bedingungen des Marktgleichgewichts, der Präferenzstabilität und des Motivs der Nutzenmaximierung" stattfinden (Lamnek/Vogel 2017: 184). Das Individuum benötigt Informationen über das Handlungsfeld, auf deren Basis es Bewertungen vornimmt, wie beispielsweise die Wahrscheinlichkeit einer Entdeckung der Devianz. Dies führt zu einer Lösung, also einem bestimmten Handeln, als dessen Ergebnis sich das Individuum einen „Nettonutzen" verspricht (Lamnek/Vogel 2017: 182–183).

GARY STANLEY BECKER

Gary Stanley Becker wurde am 02. Dezember 1930 in Pottsville, Pennsylvania, USA geboren. Der Legende nach erwuchs sein Interesse für Ökonomie der Tatsache, dass er seinem Vater stets die neuesten Nachrichten aus diesem Bereich aus der Zeitung vorlesen musste. Nachdem er durch den Besuch eines Kurses an der ,Princeton University' seine Begeisterung für Mathematik in den Wirtschaftswissenschaften entdeckte, wurde ihm jedoch schnell klar, dass es zur Lösung gesellschaftlicher Herausforderungen mehr als Zahlen und Gleichungen bedarf. So gilt er als einer der ersten Ökonomen, die Methoden ihrer eigenen Disziplin auf Bereiche der Soziologie ausdehnten. Insbesondere befasste er sich mit der Rationalität der Entscheidungsfindung im Spannungsfeld von Nutzenmaximierung und Altruismus. Sein Fokus richtete sich dabei vor allem auf Humankapital, Familien, Kriminalität sowie Diskriminierung und die zentrale Hypothese, dass Rational Choice alle Entscheidungen von Menschen durchzieht, auch jene, die nicht ökonomisch geprägt sind.
Nach seinem Wechsel an die ,University of Chicago' im Jahr 1951 traf er auf Milton Friedman, der seine weitere Laufbahn entscheidend prägen sollte. Eben dort folgte im Jahr 1955 die Promotion und von 1957 bis 1970 eine Beschäftigung als Tutor an der ,Columbia University'. Anschließend kehrte Becker als Professor für Ökonomie an die ,University of Chicago' zurück und wurde im Jahr 1983 Professor für Soziologie. Von 1985 bis 2004 war Becker dazu als Kolumnist für die ,Business Week' tätig.
Er erhielt für seine Forschungen zahlreiche Ehrungen. So wurden ihm im Jahr 1967 die ,John Bates Clark Medal', im Jahr 1992 der Nobelpreis für Wirtschaftswissenschaften sowie 2007 die ,Presidential Medal of Freedom' verliehen.
Becker war zweimal verheiratet und hat zwei Töchter. Er verstarb am 03. Mai 2014 in Chicago.

02. Dezember 1930	Geburt in Pottsville, Pennsylvania, USA
1951	B.A. an der Princeton University
1955	Promotion in Ökonomie an der University of Chicago
1957	Tutor an der Columbia University in New York City
1967	John Bates Clark Medal
1970	Professor für Ökonomie an der University of Chicago
1983	Professor für Soziologie an der University of Chicago
1992	Nobelpreis für Wirtschaftswissenschaften
2007	Presidential Medal of Freedom
3. Mai 2014	verstorben in Chicago, Illinois, USA

Zu Gary S. Beckers bedeutendsten Werken gehören:

Becker, Gary S. (1964) Human Capital: A Theoretical and Empirical Analysis with Special Reference to Education. New York: National Bureau of Economic Research.

Becker, Gary S. (1968) Crime and Punishment: An Economic Approach, Journal of Political Economy, 76 (2): 169–217.

Becker, Gary S. (1976) The Economic Approach to Human Behavior. Chicago/ London: The University of Chicago Press.

Diese ursprüngliche, enge Rational-Choice-Theorie wies eine neoliberale Prägung auf, nach der „ausschließlich materielle bzw. instrumentelle Anreize von vollständig informierten Akteuren abgewogen und Handlungen nach der Maximierungsregel gewählt werden“. Diese Perspektive wurde zunehmend von einer weiten Interpretation abgelöst, nach der „Akteure mit begrenzter Rationalität [...] auch nicht-materielle und soziale Präferenzen verfolgen“ (Mehlkop 2020: 14) oder aufgrund einer spontanen Befolgung sozialer Normen Devianz gar keine Handlungsoption darstellt (Mehlkop 2020: 15). Das Erfüllen der sozialisatorisch verankerten Normorientierung kann demnach einen ebenso großen Einflussfaktor in der Kosten-Nutzen-Rechnung darstellen wie die zu erwartende Beute oder Sanktion (Mehlkop 2020: 23). Einen frühen Ansatz aus diesem Feld stellt das RREEMM-Modell des ‚Restricted Resourceful Expecting Evaluating Maximising Man‘ dar (Lindenberg 1981: 25; Esser 1999). Dieses „verbindet die Grundannahmen des Homo Oeconomicus und die des Homo Sociologicus“ (Lamnek/Vogel 2017: 171). Auf der einen Seite findet demnach die Absicht der Nutzenmaximierung unter Berücksichtigung der Restriktionen Eingang. Auf der anderen Seite enthält das Modell gleichsam die Orientierung an Normen und der Möglichkeit des kreativen Umgangs mit Situationen (Lamnek/Vogel 2017: 171).

Präferenzen werden in der weiten Variante der Rational-Choice-Theorie somit nicht als grundsätzlich vorhanden, sondern als „variabel und damit auch als entscheidungsrelevant“ wahrgenommen (Best 2007: 185). Hinzu kommt, dass eine „unterschiedliche Verteilung von Gelegenheiten und die Bewertung von Anreizen für kriminelle Handlungen in Abhängigkeit der sozialstrukturellen Position von Individuen variieren“ (Mehlkop 2020: 18), beispielsweise durch Kontakte zu devianten Personen (siehe Kapitel 2.3.2) oder Motivationen, die sich aus der Diskrepanz zwischen Zielen und legitimen Mitteln ergeben (siehe Kapitel 2.4.2). Der Einbezug dieser subjektiven Vorstellungen von Nutzen erhöht die Realitätsnähe, mindert jedoch die empirische Überprüfbarkeit.

Eine Gegenüberstellung der Positionen bietet Abbildung 17:

Annahmen der engen RCT-Version (z.B. Domeneich & McFadden 1975).	**Annahmen der weiteren RCT-Version (z.B. Opp 1999, Simon 1985,1997)**
la. Nur egoistische Präferenzen sind relevant	lb. Alle Arten von Präferenzen können relevante Erklärungsfaktoren sein
2a. Nur „harte" Restriktionen sind relevant	2b. Alle Arten von Restriktionen können menschliches Verhalten beeinflussen
3a. Menschen verfügen über vollständige Information	3a. Menschen können, müssen aber nicht vollständig informiert sein.
4a. Objektive Restriktionen sind relevant	4b. Objektive und wahrgenommene Restriktionen können relevant sein
5a. Nur Restriktionen erklären Verhalten	5b. Restriktionen und/oder Präferenzen können Verhalten erklären.
6a. Präferenzen sind bei allen Menschen gleich und ändern sich nicht.	6b. Präferenzen sind zwischen den Menschen unterschiedlich, können sich ändern, und sollten gemessen werden.

Abb. 17: Annahmen der „engen“ und „weiten“ Rational-Choice-Version (Opp 1999: 174; aus Bamberg/Davidov/Schmidt 2008: 144)

Die Rational Choice-Theorie bindet Kriminalität somit zunehmend nicht an spezifische und individuelle Dispositionen, sondern macht sie zu einer Handlungsoption, die potentiell jeder wählen kann, solange die Kosten-Nutzen-Rechnung entsprechend ausfällt. Deren Einflussfaktoren sind dabei breit gestreut und individuell gewichtet. Demzufolge muss auch die soziale Kontrolle jenseits zielgruppenorientierter Überlegungen ausgeübt und an alle Mitglieder der Gesellschaft universell gerichtet sein. Die Aufgabe sozialer Kontrolle besteht darin, die Kosten-Nutzen-Rechnung in Richtung Normkonformität zu verschieben und Devianz teurer zu machen. Mittel der Wahl ist folglich nicht „den Menschen zu ändern, sondern Strukturen und Situationen, die Gelegenheit zur Delinquenz bieten“ (Singelnstein/Stolle 2012: 47), was sich gleichsam im ‚Routine Activity Approach‘ wiederfindet (siehe Kapitel 2.3.3). So kann die generelle Entscheidungstendenz zu Devianz vorhanden sein, die situative Konstellation ändert den Entschluss jedoch (Cornish/Clarke 1986: XVIII). Um dies zu erreichen, bedarf es einer Erhöhung der Kostenseite. Ein übliches Mittel ist die situative Kriminalprävention, die beispielsweise durch Videoüberwachung öffentlicher Räume oder Vorratsdatenspeicherung (Singelnstein/Stolle 2012: 48) die Wahrscheinlichkeit einer Entdeckung erhöht, oder eine hohe Punitivität, die sich in einer hohen Strafandrohung ausdrückt.

Kritik erfährt die Rational-Choice-Theorie in Anwendung bei Delinquenz vor allem dadurch, dass ihre Eignung zur Erklärung der Entstehung von Kriminalität nur bei einigen Delikttypen besteht. Wirtschaftskriminalität lässt sich schlüssig herleiten, während Taten, die im Affekt geschehen und nicht auf reiner Rationalität beruhen, weniger eine Kosten-Nutzen-Rechnung vorangestellt werden dürfte. Dies ist im Kontext dieses Buchs insbesondere bezüglich der Kriminalitätsfurcht bedeutsam (siehe Kapitel 4.2) In dieser Hinsicht stellt das Modell der Frame-Selektion nach Esser und Kroneberg (Kroneberg 2011) eine bedeutende Weiterentwicklung dar. In diesem Ansatz wird zum einen die Subjektivität der „Definition der Situation" betont, was bedeutet, dass Akteure „nicht in jeder Entscheidungssituation rational handeln, sondern dass sie in vielen Fällen routiniert, spontan, emotional handeln und soziale Normen befolgen" (Harrendorf/Geng 2020: 221). Hinzu kommt das Konzept der „variablen Rationalität", wonach nur eine Kosten-Nutzen-Rechnung angestellt wird, falls für Akteure „in ihrer subjektiven Wahrnehmung der Situation keine ausreichende Übereinstimmung mit generalisierten Entscheidungssituationen vorhanden ist, für die spezifische Skripte des Handelns (z.B. habitualisierte Handlungen, traditionales Handeln oder auch soziale Normen) vorliegen" (Harrendorf/Geng 2020: 221–222). Dies kann jedoch prinzipiell in beide Richtungen funktionieren, so dass Devianz zu einem habitualisierten Handlungsmuster wird.

4.4 Zusammenfassung

Das vorliegende Kapitel befasste sich mit dem Zusammenhang von sozialer Kontrolle und Kriminalität.

Jedes Individuum folgt intrinsischen Vorstellungen von richtigem und falschem Verhalten, die im Prozess der Sozialisation erlernt werden. Dabei obliegt es der Gesellschaft, durch positive beziehungsweise negative Sanktion ein Verhalten zu erreichen, welches erwünscht ist, respektive unerwünschtes Verhalten als solches zu kennzeichnen und zukünftig weniger wahrscheinlich zu machen. Dies geschieht durch formelle Instanzen wie Strafermittlungs- und Verfolgungsbehörden, genauso wie durch informelle Instanzen wie die Familie oder die peer group, die durch Lob und Tadel wirken.

Welches Verhalten dabei als richtig oder falsch gilt, wird unter dem Einfluss öffentlicher Diskurse und spezifischer Normorientierungen von den betroffenen Instanzen selbst festgelegt, so dass Individuen täglich auf unterschiedliche Einschätzungen treffen. Dies betrifft zugleich auch die Vorstellungen davon, welche Sanktionen für welches Verhalten angemessen erscheinen, da Punitivität gleichsam diesen Einflüssen unterliegt und einen steten Wandel durchläuft. Einen bedeutenden Einflussfaktor stellen Medien dar, die on- und offline Normorientierungen anbieten, die den Rahmen des Diskurses setzen.

Anhand des Beispiels der Kriminalitätsfurcht wurden diese Prozesse verdeutlicht. Das Kriminalitätsparadoxon stellt dar, dass Menschen, die statistisch am wenigstens von Delinquenz betroffen sind, die größte Furcht davor zeigen, Opfer zu werden. Neben methodischen Herausforderungen der Messung von Kriminalitätsfurcht unterliegt die Entstehung, die Entwicklung und die individuell daraus gezogenen Konsequenzen dieser Emotion zahlreichen Einflussfaktoren. Neben der Besorgnis, dass Delinquenz als gesamtgesellschaftliche Herausforderung anomische Dimensionen annehmen könnte, bündeln sich die personalen Kriminalitätseinstellungen um die Furcht vor persönlicher Viktimisierung und mangelnden Coping-Ressourcen sowie die konativen Verhaltensweisen, die sich in Vermeidungs- und Schutzdimensionen äußern können. Ebenfalls dargestellt wurden Aspekte der Entstehung von Kriminalitätsfurcht: von der Sorge vor Opferwerdung über den Einfluss von Medien und incivilities bis hin zur Perspektive, dass Kriminalität als Metapher dient, mittels derer grundlegende Ängste vor gesellschaftlichen Transformationsprozessen projiziert und verarbeitbar gemacht werden.

Dabei kann nur Verhalten sanktioniert werden, welches auch wahrgenommen wird. Taten, die sich im Dunkelfeld bewegen, entziehen sich der strafrechtlichen Verfolgung. Ein weiterer Aspekt ist, dass Individuen für das gleiche Verhalten unterschiedlich sanktioniert werden können: Der Labeling Approach als Klassiker aus diesem Forschungsfeld zeigt, dass Personen mit einem Stigma als Abweicher etikettiert werden, was wiederum deren konforme Handlungsmöglichkeiten einschränkt. Sind diese derart minimiert, dass Devianz als Option immer zwingender benötigt wird, entsteht ein Teufelskreis, an dessen Ende die Übernahme der gesellschaftlichen Rollenvorstellungen in das Selbstbild und die Mitgliedschaft in Gruppen droht, deren deviante Normorientierungen diesen Prozess weiter verfestigen.

Die ursprünglich aus der Ökonomie stammende Theorie des Rational Choice wirft den Blick auf individuelle Entscheidungsprozesse, deren Rahmenbedingungen aus makrostrukturellen Zusammenhängen resultiert. Eine Person trifft vor einer Handlung eine rationale Kosten-Nutzen-Rechnung, in Abhängigkeit ihrer Präferenzen und ihrer Restriktionen und Möglichkeiten, um den maximalen Nutzen zu verwirklichen. Neuere, weite Auslegungen dieses Prozesses erweitern das Feld der materiellen Einflussfaktoren dabei um Aspekte sozialer Art: Auch Normen können Verhalten ursächlich prägen, selbst wenn dies für Personen in einem ökonomischen Nachteil resultiert.

Anhand des Beispiels der Kriminalitätsfurcht wird deutlich, dass sozialer Kontrolle eine wesentliche gesellschaftliche Aufgabe zukommt. Einerseits machen die Gesellschaft und ihre zahlreichen Instanzen deutlich, welches Verhalten zu welchem Grad als deviant beurteilt und sanktioniert wird, um den Normkonsens zu markieren und zu schützen. Andererseits ist dieses System nicht losgelöst von

Prozessen, die aus sozialer Ungleichheit entstehen und diese verfestigen. Soziale Kontrolle bestimmt Lebensqualität, gesellschaftliche Kohäsion und ist ein wesentlicher Faktor sowohl der makrostrukturellen Sicherheit als auch der mikrostrukturellen Teilhabe und Integration.

5. Diskussion

In den bisherigen Kapiteln wurde anhand ausgewählter Ausschnitte des sozialen Miteinanders verdeutlicht, dass Kriminalität in vielfältiger Hinsicht tiefgreifende Auswirkungen auf das Leben von Menschen hat. Ebenso zahlreich sind die theoretischen und empirischen Beschäftigung der (Kriminal-) Soziologie mit der Frage, aus welchen Gründen Delinquenz als eine Form des abweichenden Verhaltens entstehen kann und welche Prozesse zur Erklärung adressiert werden müssen. Die Kriminalsoziologie verfügt über eine breite Palette theoretischer Konzepte, die in diesem Lehrbuch nicht alle ihren Platz finden konnten. Im folgenden Kapitel sollen daher die vorgestellten Theorien in eine breitere Perspektive eingebettet und ohne Anspruch auf Vollständigkeit mit verwandten Bezügen kontextualisiert werden. Hierzu werden weitere Theorien kurz vorgestellt, deren Entwicklung für die Kriminalsoziologie entscheidende Bedeutung hatten. Anschließend wird die Kriminalsoziologie innerhalb anderer kriminalitätsbezogener Disziplinen und Spezialsoziologien eingeordnet.

In den Ursprüngen der Beschäftigung mit der Frage, warum Menschen abweichend handeln, dominierten biologisch orientierte Theorien den Diskurs. Genetische und/oder neurologische Dispositionen wurden herangezogen, um kriminelle Verhaltensweisen ursächlich zu erklären. Zu nennen ist hier vor allem die Phrenologie des Cesare Lombroso (1876) (siehe Kapitel 3.1). Bereits zuvor fiel jedoch der Startschuss der wissenschaftlichen Thematisierung von Bedingungen der sozialen Umwelt und ihrem Zusammenhang mit Kriminalität. Forschungen zu Kriminal- und Moralstatistiken im frühen 19. Jahrhundert, vor allem durch André-Michel Guerry (1833) und Adolphe Quételet (1848), setzten soziale Zusammenhänge in Zusammenhang mit abweichendem Verhalten und boten erste Grundlagen für sozialpolitische Entscheidungen. Aus soziologischer Perspektive ist Durkheims Theorie der strukturell-funktionalen Zusammenhänge, die er in „Die Regeln der soziologischen Methode“ (1895) sowie „Der Selbstmord“ (1897) skizzierte, zu nennen (siehe Kapitel 2.4.2). Er sah Kriminalität als selbstverständliche Begleiterscheinung menschlicher Zivilisation, mehr noch als „eine zu erwartende Erscheinung, nämlich integrierender Bestandteil jedes (gesunden) Gemeinwesens“ (Schwind 2013: 141). Delinquenz erfüllt eine nützliche Funktion: Ihre Artikulation und Sanktionierung stabilisieren Gesellschaften durch normative Regulierung, Normen werden durch die Abgrenzung zur Devianz deutlich und verbindlich. Jedoch zeigte sich, dass zu bestimmten Zeiten mehr Normbrüche als üblich auftraten, was Durkheim und andere Vertreter der Anomietheorien auf die Unsicherheit zurückführten, die durch strukturelle Veränderungen im Gesellschaftsgefüge entstehen können. Eine unterschiedliche Sozialstruktur führt dazu, dass sich die Mitglieder einer Gesellschaft nicht in gleichem Maße an neue Begebenheiten anpassen und Normen befolgen können (siehe Kapitel 2.1). In diesem Kontext entwickelte Robert K. Merton seinen Ansatz, der die Diskrepanz zwischen gesellschaftlich anerkannten Zielen und einer ungleichen Verteilung von legitimen Mitteln zur Erreichung dieser Ziele als Entstehungsgrund für Devianz identifizierte. Hierbei nahm er Bezug auf die Theorie der sozialen Desintegration der Chicago School (siehe Kapitel 2.4.1 und 2.3.1). Dieser Ansatz verortet Kriminalitätsursachen in stadträumlichen Konstellationen, die mangelnde soziale Kontrolle verursachen und die Entwicklung eines Normsystems begünstigen, das einerseits vom Normkonsens der Mehrheitsgesellschaft abweicht und andererseits von Generation zu Generation der Bewohner dieser Bezirke tradiert wird. Nach wie vor spielen städteräumliche Segregationsprozesse eine entscheidende Rolle bei der Entstehung und Konservierung homogener Lebens- und Normwelten (siehe Kapitel 2.2).

Mit seinen Überlegungen beeinflusste Merton zahlreiche Forscher, die sich in der Weiterentwicklung der Anomietheorie auf seinen Ansatz bezogen. Zu nennen ist hier vor allem die Subkulturtheorie nach Albert Cohen (1957) (siehe Kapitel 3.3.2). Er sieht durch die Etablierung alternativer Normsysteme Anpassungs- und Statusprobleme vor allem für jugendliche Bewohner, die sich aufgrund ihres marginalisierten Status an diesen devianten Handlungsanleitungen orientieren. Dies wird zusätzlich begünstigt durch Prozesse zunehmender Segregation, wie sie seit der Industrialisierung, beschleunigt seit der Moderne, global zu beobachten sind. Eine andere Theorie, die in diesem Zusammenhang Erwähnung finden soll, ist die Theorie der differentiellen Kontakte nach Edwin H. Sutherland (1968) (siehe Kapitel 2.3.2). Hiernach finden in diesen Kontexten Sozialisationsprozesse statt: Eine Person hat Kontakt zu devianten Normwelten, kommuniziert mit Anhängern dieser Orientierung und definiert Normverletzungen in der Folge als positiv und damit als legitime Handlungsweisen. Wie diese Prozesse ablaufen, ist Gegenstand der Theorie des sozialen Lernens von Ronald Akers (1977). Nach dieser erfolgt die Beurteilung abweichenden Verhaltens als positiv, falls im Anschluss an eine entsprechende Handlung positive Konsequenzen folgen und/oder negative Konsequenzen ausbleiben. Diesem Prinzip der operanten Konditionierung (siehe auch: Skinner 1953) folgend wird ein bestimmtes Verhalten als legitime zukünftige Handlungsoption bewertet, wenn eine Belohnung häufiger eintritt als eine Bestrafung. Dies kann auch durch die beispielweise mediale Beobachtung anderer Personen erfolgen, so dass eine direkte Interaktion, im Gegensatz zu Sutherlands Überlegungen, nicht notwendig zur Übernahme einer positiven Definition von Normverletzungen ist (siehe auch: sozial-kognitive Lerntheorie, Bandura 1979). Jedoch erscheint die Gelegenheit zur Beobachtung von delinquentem Verhalten in einem Umfeld, in dem dieses regelmäßig stattfindet, deutlich größer, und damit auch die Gelegenheit zur Übernahme der abweichenden Bewertungen von

Devianz als positiv. Zudem ist der persönliche Kontakt in der Regel prägender als das medial vermittelte Bild. Die der Segregation zugrundeliegende, unterschiedliche soziale Struktur fördert einen anderen Lernprozess, der schließlich in individuellem, delinquentem Verhalten münden kann (Akers 1998). Eine weitere Differenzierung bietet Daniel Glasers Theorie der differentiellen Identifikation (1956). Da beispielsweise Justizvollzugsbeamte regelmäßigen Kontakt zu Personen mit delinquenten Verhaltensmustern haben, ohne diese zu übernehmen, betont Glaser den Grad der Identifikation mit Vorbildern. Das abweichend handelnde Individuum beobachtet das delinquente Verhalten einer natürlichen oder auch fiktiven Person, identifiziert sich mit dieser und orientiert die eigenen Handlungen an deren Normvorstellungen (Schwind 2013: 128–129).

Noch einen Schritt weiter in Richtung kollektiver, kultureller Verfestigung devianter Normorientierungen geht die Theorie der differentiellen Gelegenheiten nach Richard Cloward und Lloyd Ohlin (1960). Die Annahme bestätigend, dass delinquente Orientierungen und Techniken erlernt werden, beziehen sie diese Erkenntnis vor allem auf spezifische Bevölkerungsgruppen: Während Sutherlands Überlegungen auch für die Oberschicht und typische Delikte wie beispielsweise Steuerhinterziehung zutreffen können, fokussieren Cloward und Ohlin gezielt sozialstrukturell benachteiligte Gruppen. Diesen ist, nach Merton, der Zugang zu legitimen Mitteln zum Erreichen gesellschaftlich anerkannter Ziele erschwert. Hinzu kommt, dass die regelhaft segregierte Wohnsituation zu räumlicher Nähe von Personen mit ähnlichen sozialstrukturellen Lebensbedingungen führt, in der sich interaktiv deviante Subkulturen mit einer höheren Wahrscheinlichkeit bilden können. Voraussetzung für Kriminalität ist dann letztlich der Zugang zu illegitimen Mitteln und Gelegenheiten zur Delinquenz, womit auch ein Bezug zu Routineaktivitäten (siehe Kapitel 2.3.3) hergestellt wird (Schwind 2013: 151).

Schließlich wurde Mertons Ansatz durch Robert Agnew (1985) wesentlich weiterentwickelt. Seine ‚General Strain Theory' erweitert das Konzept mangelnder legitimer Mittel, welches vornehmlich bei sozial benachteiligten Bevölkerungsgruppen zu beobachten ist, um weitere Faktoren. Nicht nur die von Merton benannte, vornehmlich ökonomische Diskrepanz („blockage of goal-seeking behavior") ist ursächlich für Devianz, sondern Stress („strains"), der gleichsam aus dem Mangel an legitimen Mitteln, belastende Situationen vermeiden zu können, entstehen kann („blockage of pain-avoidance behavior") (Agnew 1985: 151). Hierzu gehören beispielsweise Probleme in Schule und Familie, Erfahrungen des Scheiterns, die in erster Linie Adoleszente nicht oder nur mühsam vermeiden können. Fehlen legitime Bewältigungsstrategien und Coping-Ressourcen, entstehen negative Emotionen, die letztlich in Devianz münden können. Dies geschieht insbesondere, wenn der Stress „als ungerecht empfunden wird und Empörung auslöst, ferner wenn der Stress so stark sei, dass er nicht mehr beherrscht werde, schließlich wenn der Stress unter Bedingungen niedriger sozialer Kontrolle erlitten werde" (Singelnstein/Kunz 2021: 126). Hier wird zum einen der Bezug zur Radikalisierung deutlich sichtbar (siehe Kapitel 3.2): Werden persönliche Coping-Ressourcen als nicht ausreichend empfunden, fördert dies die Entwicklung von Kriminalitätsfurcht, die einen Ausgangspunkt für die Abkehr von den Normen der Mehrheitsgesellschaft darstellen kann (siehe Kapitel 4.2). Gleiches gilt für das Empfinden einer als ungerecht angesehenen Benachteiligung, welches als Konzept der relativen Deprivation eine entscheidende Rolle in Radikalisierungsprozessen spielen kann. Ebenfalls anbinden lässt sich das Gefühl, Stress nicht beherrschen zu können, an das Konzept der Selbst- und Fremdkontrolle (Gottfredson/Hirschi 1990; siehe Kapitel 3.3.1), wonach eine geringe Selbstkontrolle Ursache für delinquente Verhaltensweisen sein kann. Der dritte Aspekt wiederum, die niedrige soziale Kontrolle, deutet auf die Untersuchungen der Chicago School hin und erlaubt den Anschluss an die Theorien von Sutherland, Cloward und Ohlin, Kelling und Wilson sowie Merton: Sowohl der Mangel an sozialer Kontrolle als auch die Kenntnis und Akzeptanz von devianten Verhaltensweisen sind in der Gesellschaft ungleich verteilt. Mit seinem Konzept bindet Agnew neben Mertons Anomietheorie gleichsam Aspekte der sozialen Kontrolle ein (siehe Kapitel 4) und weist deren Institutionen implizit die Aufgabe zu, positive Sanktionen negativen Sanktionen vorzuziehen. Je weniger eine Strafe das zugrundeliegende Problem des Täters löst und je geringer die Akzeptanz der Strafe ist, desto geringer ist ihre positive, sozialisatorische Wirkung (Quensel 1970: 377). Je härter also Sanktionen ausfallen, desto geringer ist die Bindung des Sanktionierten an gesellschaftliche Institutionen, Normen und Unterstützungssysteme (Bindungstheorie, siehe Kapitel 3.3.1) und umso wahrscheinlicher ist dessen Orientierung an devianten Verhaltensweisen. Die psychischen Kosten, die durch den bewussten Verstoß gegen eigentlich bekannte, erwünschte Verhaltensweisen entstehen, können durch typischerweise vorgebrachte Argumente gemindert werden (siehe Kapitel 3.3.3).

Eine Reihe weiterer Ansätze verbindet sowohl die biologisch als auch die sozial fundierte Erklärungslogik. Als prägend zu erwähnen wäre hier der Mehrfaktorenansatz von Sheldon und Eleanor Glueck (1950). Basierend auf longitudinaler Empirie postulierten sie, dass kriminelles Verhalten keinen monokausalen Hintergrund hat. Vielmehr ist eine Vielzahl von sozialisatorischen Einflüssen hierfür verantwortlich: dysfunktionale familiäre Hintergründe und häufige Konflikte, fluktuierende Bezugspersonen, Abhängigkeit von staatlicher Wohlfahrt sowie ein inkongruenter Erziehungsstil. Die Wahrscheinlichkeit für Devianz erhöht sich mit der Summe des Vorhandenseins der genannten Faktoren. Diese Überlegungen, deren Aussagekraft via Prognosetafeln nur in Extremfällen verlässlich schien (Singelnstein/Kunz 2021: 148–149), fungierten als Basis für eine weitere Langzeitstudie und die Entwicklung der ‚Turning Points-Theorie' von Robert Sampson und John Laub (1993). Hiernach wird delinquentes Verhalten durch biographische Wendepunkte beeinflusst. Einschneidende Erlebnisse im Lebenslauf können kriminelle Verhaltensmuster entstehen lassen oder sie verstärken, ebenso jedoch für deren Verminderung oder Verschwinden sorgen. Kunz und Singelnstein fassen diesen Prozess in Bezug auf soziale Kontrolle (siehe Kapitel 4) zusammen, wonach „das im Lebensverlauf angesammelte informelle oder verlorene soziale Kapital durch die mit diesem verbundene informelle soziale Kontrolle für Auftreten oder Unterbleiben von Kriminalität maßgeblich ist“ (Singelnstein/Kunz 2021: 154).

Ein weiteres Bindeglied ist die ‚Two-Path-Theorie“ von Terrie E. Moffitt (1993). Hiernach tritt abweichendes Verhalten und auch Kriminalität vermehrt in der Adoleszenz auf, nimmt anschließend jedoch typischerweise wieder ab. Während die Gruppe der „adolescence limited offender“ also nach Beendigung dieses Lebensabschnittes vorwiegend normkonform lebt, ändert die Gruppe der „lifecourse persistent offender“ ihre delinquenten Verhaltensweisen über ihre gesamte Lebensspanne nicht (Moffitt 1993: 676). Moffitt begründet dies mit neurologischen Dispositionen der Mitglieder dieser Gruppe. Hinzu kommt der Aspekt des „social mimicry“ (Moffitt 1993: 686): Sie fungieren den „adolescence limited offender“ solange als Rollenvorbilder, bis diese die Phase der Adoleszenz überwunden und somit die „maturity gap“ (Moffitt 1993: 687) geschlossen haben, sie also legalen Zugang zu Verhaltensweisen der Erwachsenen haben, die ihnen zuvor verwehrt waren. Auf diese Weise kombiniert Moffitts Theorie biologische Erklärungsmuster mit jenen der Bindungs- und Lerntheorien.

Einen anderen Pfad in Bezug auf die Erklärung von Kriminalität nimmt der Labeling Approach (siehe Kapitel 4.3.1). Hiernach ist die Ursache für Delinquenz nicht ätiologisch, sondern das Ergebnis eines Etikettierungsprozesses, in dem einem Verhalten und der ausführenden Person Abweichung zugeschrieben wird. Sogenannte Moralunternehmer stigmatisieren durch soziale Kontrolle eine Handlung und das damit verbundene Individuum als deviant. In der Folge werden die normkonformen Handlungsoptionen dieser Person eingeschränkt und die Wahl devianter Mittel zur Erreichung von Zielen wahrscheinlicher. Wenn das Individuum keine legitimen Mittel mehr hat und das Fremdbild als abweichend in das Selbstbild übernimmt, werden in Konsequenz auch deviante Verhaltensweisen legitimer. Dies kann dazu führen, dass sich das Individuum zunehmend vom Normkonsens abwendet und unter Gleichgesinnten Bestätigung findet.

Während Vertreter wie Howard S. Becker (2019) eine gemäßigte Position vertreten, nach der der „Grad der Entfremdung zur konventionellen Gesellschaft“ (Lamnek 2018: 102) Einfluss auf diese Prozesse nimmt, existiert auch der radikale Ansatz: Vertreter wie Fritz Sack (1968) sehen Devianz hiernach „allein durch formelle und informelle soziale Reaktionen in Form von Definitionszuweisungen bestimmt“, die ihre Ursache in makrosozialen Herrschaftsstrukturen haben (Lamnek 2018: 102).

Einen Ansatzpunkt, der einen deutlichen Bezug zu Sozialisationsprozessen aufweist und eine zunehmende Abkehr vom Normkonsens fokussiert, bietet das

Karrieremodell von Stephan Quensel (1970). Wesentlicher Gegenstand ist das interaktionistische Verhältnis zwischen der Gesellschaft, ihren sanktionierenden Institutionen und dem Individuum. Statt ätiologischer, täterorientierter Erklärungsmuster und der Zuschreibung von Abweichung nach der Tat (Labeling Approach) ist Delinquenz hier an eine zeitliche Dimension gekoppelt, die beide Ansätze miteinander kombiniert (Quensel 1970: 375). Quensel nennt sieben Phasen, die in einer kriminellen Karriere typischerweise durchlaufen werden. In der *ersten Phase* erfolgt Devianz, häufig alterstypisch kleine Delikte, die beispielsweise Anerkennung der peer-group durch das Bestehen einer Mutprobe einbringen sollen. Gelingt die Tat, wird das zugrundeliegende Problem durch die deviante Verhaltensweise gelöst und eine negative Sanktion bleibt aus, erscheint Devianz als gewinnbringendes Verhalten und wird weiterverfolgt. Doch auch wenn der Täter erwischt wird, erfolgt mit der formellen Sanktion die *zweite Phase*. Diese hat Auswirkungen in der *dritten Phase*: Im Sinne des Labeling Approach (siehe Kapitel 4.3.1) gilt der Täter nun als abweichend, seine konformen Handlungsmöglichkeiten sind eingeschränkt. Dies kann dazu führen, dass er sich künftig Anerkennung in Bezugsgruppen sucht, die deviante Verhaltensweisen als legitim beurteilen. Die Folge können weitere deviante Handlungen sein, welche dann Gegenstand der *vierten Phase* sind. Die Konsequenzen ähneln jenen der zweiten und dritten Phase, wirken jedoch verschärft: Die formellen Sanktionen sind bei Wiederholungstätern strikter, die soziale Abgrenzung wirkt tiefer und nachhaltiger. Die *fünfte Phase* ist geprägt von der Übernahme dieses Fremdbildes in das Selbstbild des Täters. Folglich bleibt dem Individuum nur noch der Bezug zur devianten Bezugsgruppe, die *sechste Phase*: Normkonforme Verhaltensweisen stellen nun nicht mehr den Bezugspunkt dar, die deviante Normwelt der Subgruppe ist alleinig handlungsleitend. An diesem Punkt verortet Quensel den Beginn einer Karriere. Dies findet seinen Endpunkt in der *siebten Phase*, der Verhaftung und dem Verbüßen einer Haftstrafe, womit der Kontakt zur Mehrheitsgesellschaft sowohl räumlich als auch interaktionistisch abgeschnitten wird und die soziale Rolle als Abweichler definitiv feststeht (Quensel 1970: 377–379). Die Ursache dieses Teufelskreises liegt für Quensel in der misslungenen Interaktion zwischen Gesellschaft und Individuum. Insbesondere Strafverfolgungsbehörden begünstigen hiernach die Entwicklung einer kriminellen Karriere, indem sie durch negative Sanktionen Abgrenzung hervorrufen.

Ein weiteres Karrieremodell entwarf Henner Hess (1978), dessen Hauptaugenmerk auf spezifischen Situationen sowie auf der Persönlichkeit des Individuums liegt. Im Lebenslauf ergeben sich immer wieder neue Gelegenheiten und Druckmomente, in denen jeweils einzelne Entscheidungen für oder gegen deviantes Verhalten getroffen werden (siehe Rational Choice, Kapitel 4.3.2). Steht ein Individuum demnach vor einer Handlungsentscheidung, beeinflussen sowohl die grundlegende Normorientierung als auch die soziale Lage die Motivation zur

Handlung. Im zweiten Schritt bedarf es der Überwindung internalisierter Normen, die für Konformität sprechen, sowie der sozialen Kontrolle von Bezugspersonen und Institutionen. Als dritten Schritt nennt Hess die Fähigkeiten und Gelegenheiten zur Devianz, bevor schließlich Etikettierungsprozesse greifen, die eine deviante Identität im Selbst- und Fremdbild verfestigen (Hess 2015). Hess bindet in seinem Modell sowohl ätiologische Erklärungsansätze als auch das Konzept des Labeling Approach ein, betont jedoch stets die individuelle Entscheidungsgewalt des Individuums, unter dem Einfluss äußerer Umstände in spezifischen Situationen eine Wahl treffen zu können. Diesen Prozess der individuellen Entscheidung stellt Dieter Hermann in den Mittelpunkt seiner ‚voluntaristischen Kriminalitätstheorie' (Hermann 2003). Das Individuum wählt unter seinen Handlungsoptionen jene aus, die seiner sozialisatorisch erworbenen Wert- und Normorientierung am meisten entsprechen (Hermann 2015: 247). Werte beeinflussen dabei die Priorisierung von Zielen: Während eine Bindung an „vor allem religiöse und leistungsbezogene sowie idealistische Werte" Normkonformität begünstigt, führt eine Orientierung an „materialistischen, hedonistischen und subkulturellen Werten" eher zu Devianz (Hermann 2015: 248). Normen hingegen differenzieren die Wahl der als legitim beurteilten Mittel und sind entscheidend abhängig von Alter und Bildung. Normkonformität ist demnach eher bei Personen zu erwarten, die Rechtsnormen akzeptieren, sich an traditionellen Werten orientieren sowie ein höheres Alter und eine geringere Bildung aufweisen (Dölling/Hermann/Laue 2022: 154). Insbesondere die letztgenannten Variablen begründen die biographische Perspektive: Mit zunehmendem Alter wandeln sich typischerweise Wert- und Normorientierungen. Gleiches gilt für den Bildungsgrad und das sich typischerweise wandelnde soziale Umfeld. Ein weiterer Faktor sind Sanktionen: Je punitiver Institutionen und Akteure agieren, desto geringer ist die Bindung an traditionelle Werte und damit an geltende Normen (Dölling/Hermann/Laue 2022: 155). Diese Hypothesen auf Mikroebene haben Einfluss auf gesamtgesellschaftliche Prozesse: Die Makroebene unterliegt gleichsam dem Grad der Normgeltung, der sich aus einer überwiegend traditionellen oder materialistischen Wertorientierungen der Mitglieder ergibt (Dölling/Hermann/Laue 2022: 154).

Den Einfluss von Moralität auf die Entscheidungsfindung ergänzt Wikström mit der ‚Situational Action Theory' (2004). Vorstellungen von richtigem oder falschem Verhalten sind sozialisatorisch im Individuum verankert, so dass bei einer devianten Handlung Kosten in Form von Gewissensbissen oder Schamgefühl entstehen können. Dies geschieht aber nur, wenn die sozialisatorisch angelegte Normorientierung, die Einstellungen von richtig und falsch jenen der Mehrheitsgesellschaft entsprechen (Dölling/Hermann/Laue 2022: 160). Verfügt das Individuum über eine ausreichend große Selbstkontrolle (siehe Kapitel 3.3.1), kann es innerhalb seiner Moralvorstellungen handeln. Dies geschieht unter dem Einfluss des sozialen Umfelds, dessen Grad an devianter Normorientierung und Fähigkeit zur Ausübung sozialer Kontrolle gleichsam die Entscheidungen des Individuums beeinflussen (Dölling/Hermann/Laue 2022: 161).

Einen bedeutenden Schritt, um Kriminalität in seiner Gesamtheit zu erklären und einen großen Teil der bislang dargestellten Theorien und Konzepte in ein zusammenhängendes Modell zu überführen, unternahmen Henner Hess und Sebastian Scheerer mit der sozialkonstruktivistischen Kriminalitätstheorie (Hess/Scheerer 2004). Diese allgemeine Theorie bindet nicht nur die Makroebene über Kriminalitätsraten sowie die Mikroebene über individuelles Handeln ein, sondern „erlaubt dann die Suche nach Bedingungskomplexen, Eigendynamiken, Wechselwirkungen usw. zwischen den unterschiedlichsten Elementen" (Hess/Scheerer 2004: 69). Dabei werden drei Ebenen benannt, die „in einem interaktiven Gesamtzusammenhang stehen" (Hess/Scheerer 2004: 69).

Die Makroebene wirft einen dezidierten Blick auf Machtstrukturen, die es spezifischen Instanzen ermöglichen, Normen als verbindlich zu legitimieren und mittels sozialer Kontrolle und Sanktionen durchzusetzen. Entsprechend wird abweichendes Verhalten und Kriminalität durch diese Mechanismen als solches definiert. Hess und Scheerer unterscheiden dabei vier Kriminalitätsbegriffe: die „Summe der strafbedrohten Handlungen" („strafrechtlich definierte bzw. theoretische Kriminalität"), das „nach Ansicht des jeweiligen Sprechers sehr anstößig" wahrgenommene Verhalten („moralunternehmerisch definierte Kriminalität") (Hess/Scheerer 2004: 80), die noch nicht von den institutionalisierten Instanzen sozialer Kontrolle unter Sanktion gestellten, aber dennoch als abweichend wahrgenommenen Handlungen („informell definierte Kriminalität" (Hess/Scheerer 2004: 80–81) sowie jene Handlungen, die tatsächlich in die Kriminalstatistik eingehen („formell definierte Kriminalität") (Hess/Scheerer 2004: 81).

Die Mikroebene fokussiert das individuelle Handeln, die Manifestation dieser Makro-Phänomene durch Handlungen einzelner Personen. Das Karrieremodell sieht „die Bedingungen der Makro-Ebene hier als subjektive Interpretationen des Akteurs – bezüglich seiner eigenen Lage, Umstände, Handlungschancen und Handlungsziele" (Hess/Scheerer 2004: 84). Abhängig sind diese Interpretationen dabei vorrangig von seinen sozialisatorischen und subkulturellen Erfahrungen, welche einen anomischen Zustand im Merton'schen Sinne begründen und damit letztlich Entscheidungsprozesse in spezifischen Situationen beeinflussen. Hierzu gehören dann auch die bereits vorgestellten Theorien der sozialen Kontrolle (Hess/Scheerer 2004: 86), der differentiellen Gelegenheiten (Hess/Scheerer 2004: 87) sowie die Rational-Choice-Theorie (Hess/Scheerer 2004: 88–89). Begünstigt wird die kriminelle Karriere im Sinne des Labeling Approachs durch „die erste Fremdsubsumtion eines beobachteten Sachverhalts" (Hess/Scheerer 2004: 93) als deviant und den daraus folgenden Einschränkungen konformer Handlungsoptionen des stigmatisierten Individuums.

Hess und Scheerer gehen einen Schritt weiter, indem sie an der Frage anknüpfen, „wie aus einer Masse von Einzelereignissen neue Makro-Phänomene (mit welchen Folgen) entstehen" (Hess/Scheerer 2004: 96). Hierbei nehmen sie Bezug auf die Entstehung von Szenen, deren Grundlage eine gemeinsame, deviante Normorientierung zugrunde liegt (Hess/Scheerer 2004: 97). Einen engeren Zusammenhalt bieten Banden und Organisationen, deren Zugehörigkeitskriterien klarer umrissen sind (Hess/Scheerer 2004: 98). All diese Formen der Gemeinschaft basieren auf Charakteristika, die als (Schwarz-)Märkte bezeichnet werden: dem Handel von Gütern und Dienstleistungen in der Illegalität (Hess/Scheerer 2004: 99). Deren häufig im Dunkelfeld verortbare Existenz beeinflusst (mediale) Diskurse der Makro-Ebene, die wiederum neue gesamtgesellschaftliche Vorbedingungen im Sinne der Konsensherstellung im existierenden Herrschaftssystem hervorbringen können. Hess und Scheerer entwickeln mit ihrer sozialkonstruktivistischen Kriminalitätstheorie demnach einen Ansatz der sowohl gesamtgesellschaftliche Prozesse als Basis für individuelles Handeln versteht, als auch dessen Effekte für das Entstehen neuer makrosoziologischer Konstellationen fokussiert.

Wie anhand dieses Überblicks deutlich wird, umfasst die soziologische Forschung zur Kriminalität eine große Bandbreite sowohl juristischer als auch psychologischer Faktoren, die Bezüge zu einer ganzen Reihe benachbarter Wissenschaftsdisziplinen erlauben. Wie lässt sich demnach die Kriminalsoziologie in diesem Geflecht verorten?

Der engste Bezug besteht zweifellos zur akademischen Nachbardisziplin der Kriminologie. Die Abgrenzung besteht vor allem darin, dass die Kriminalsoziologie ihren Fokus auf einen spezifischen Ausschnitt des weiten Gegenstands der Kriminalität richtet: die sozialen Beziehungen der handelnden Personen sowie meso- und makrostrukturelle Einflussfaktoren und Rahmenbedingungen auf abweichendes Verhalten. Während eine solche Teilung im angelsächsischen Raum nicht existiert, ist die Kriminologie in Deutschland traditionell und institutionell an die Rechtswissenschaften gebunden. Die Kriminalsoziologie bildet eine Bezugsdisziplin (Bögelein/Wolter 2015: 132–133), die ihre Perspektive in den größeren Rahmen einbringt. In der Kriminalsoziologie werden „strafrechtliche Bestimmungen als ein Normsystem unter anderen und im Zusammenhang mit anderen Systemen sozialer Kontrolle betrachtet. [...] Kriminalsoziologie analysiert die kulturellen, sozialen und politischen Akte der Zusammenwirkung und Austragung von Konflikten zwischen unterschiedlichen Gruppen und Wertvorstellungen, aus denen Gesetze entstehen" (Hillmann 2007: 466).

Auch innerhalb der Soziologie richten zahlreiche spezielle Soziologien ihren Blick auf Normen und Abweichung, so dass eine Abgrenzung nur schwer möglich und nur selten sinnvoll erscheint. Der Bezug der Delinquenz zur Sozialstruktur (siehe Kapitel 2) legt eine Schnittmenge zu Dimensionen der sozialen Ungleichheit nahe. Dementsprechend bestehen Verbindungen unter anderem zur Bildungs-, Geschlechter- und Konfliktsoziologie. Gleiches gilt für den Blick auf Sozialisation (siehe Kapitel 3) und damit unter anderem der Familien-, Jugend-, Kultur- und Migrationssoziologie. Schließlich besteht durch die Einbindung von Fragen der sozialen Kontrolle (siehe Kapitel 4) eine große Nähe unter anderem zur Rechts- und Polizeisoziologie. In allen Bezügen stellt die Kriminalsoziologie eine spezifische Perspektive bereit und befasst sich mit einem bestimmten Ausschnitt dieser speziellen Soziologien: jenem Fall, in dem ein soziales Handeln gegen geltende Normen der Mehrheitsgesellschaft verstößt.

6. Schluss

Die Frage, warum Menschen Normen folgen und aus welchen Gründen abweichendes Verhalten und letztlich Delinquenz entsteht, ist seit geraumer Zeit ein differenziert untersuchter Gegenstand verschiedener Wissenschaftsdisziplinen. Dabei fokussieren verschiedene Ansätze sowohl die Kriminalisierung von sozialem Handeln als auch die konkrete Gestalt der Delinquenz als Delikt sowie deren Folgen für das gesellschaftliche Zusammenleben. Hieraus ergaben sich viele theoretische Fundamente und Erkenntnisse, deren schiere Anzahl jedoch teils nur schwer übereinzubringende, teils gar widersprüchliche Lösungen bereithält. Die sechs Kernkonzepte werden von Bruinsma folgendermaßen zusammengefasst:

1. Theorien der Anomie/Belastung: Delinquenz als Folge gesellschaftlicher Strukturen
2. Kontrolltheorien: Delinquenz als Folge eines Mangels interner oder externer sozialer Kontrolle
3. Lerntheorien: Delinquenz als Folge eines Lernprozesses, an dessen Ende deviantes Verhalten der Normkonformität vorgezogen wird
4. Etikettierungsansätze: Delinquenz als Folge formaler und/oder informeller Zuschreibungsprozesse
5. Rational Choice: Delinquenz als Folge einer Abwägung von Kosten und Nutzen in spezifischen Situationen
6. Soziale Desorganisation: Delinquenz als Folge eines Mangels sozialer Kontrolle und existierender devianter Strukturen in Nachbarschaften (Bruinsma 2016: 663)

Siegfried Lamnek wählt eine andere Form der konzeptuellen Zusammenfassung. Als Kernbereich sieht er zum einen die ätiologischen Theorien, „deren Gemeinsamkeit in der Frage nach den Ursachen abweichenden Verhaltens besteht, mögen diese im Einzelfall in schichtspezifischen Sozialisationsdefiziten, in der Diskrepanz von kulturellen Zielen und institutionalisierten Mitteln oder in unterschiedlichen Zugangschancen zu (il-)legitimen Mitteln gesehen werden“ (Lamnek 2018: 95). Als Gegensatz hierzu werden Theorien des symbolischen Interaktionismus genannt, deren „Reaktions-, Stigmatisierungs- und Etikettierungsansätze vorwiegend nach der Entstehung und Anwendung von Normen, die erst ein als abweichend bezeichnetes Verhalten und die abweichend Verhaltenden konstituieren“ fragen (Lamnek 2018: 95). Drittens nennt Lamnek die denkbare Unterscheidung zwischen individualistischen Theorien, die Gründe für Devianz in sozialisatorischen Erfahrungen verorten, und kollektivistischen Theorien, nach denen Devianz aus strukturellen Lagen, wie zum Beispiel sozialer Ungleichheit oder Herrschaftsmechanismen, entspringt (Lamnek 2018: 95–96).

Anhand verschiedener Kernkonzepte der Soziologie wurden diese Hauptströmungen der Suche nach Gründen für und Konsequenzen von Devianz und Normkonformität vorgestellt und in zeitlich rückwärts gerichteter Reihenfolge kontextualisiert. Dabei wurden zahlreiche Schnittmengen der Themen offenbar.

Das zweite Kapitel ‚Kriminalität und Sozialstruktur' nutzte das hochaktuelle Thema der Gentrifizierung, allgemeiner eingebettet in die städtische Segregation, um Aspekte der sozialen Ungleichheit in Verbindung mit abweichendem Verhalten zu bringen. Die ungleiche Verteilung relevanter Ressourcen und die darauf beruhende Stratifizierung von Menschen geht über die Verwendung von Daten in Statistiken hinaus: Es geht um Lebenschancen, um die Möglichkeit der Teilhabe am gesellschaftlichen Leben, und exkludierte Menschen könnten die Normen der Mehrheitsgesellschaft, die für die eigene soziale Lage verantwortlich gemacht wird, situativ oder grundsätzlich eher ablehnen als jene, die ‚oben' stehen. Die Konzentration ähnlicher sozialer Lagen in bestimmten Siedlungsräumen kann einerseits zu ähnlichen Normorientierungen führen, auch hinsichtlich des Erlernens devianter Werte und Techniken. Andererseits kann ein Unterschied in der Intensität und Gewichtung von sozialer Kontrolle in armen und reichen Nachbarschaften entstehen, dessen Folgen sowohl weitere Segregation als auch differente Gelegenheitsstrukturen auf Makroebene zur Folge haben können.

Das dritte Kapitel ‚Kriminalität und Sozialisation' widmete sich des Themas der Radikalisierung: Der Abkehr vom Konsens der Mehrheitsgesellschaft und der Wunsch nach einer (im extremen Fall gewaltsamen) grundlegenden Umgestaltung der öffentlichen Ordnung sowie des politischen und/oder wirtschaftlichen Systems. Dabei wurden vor allem Lernprozesse fokussiert: Die Sozialisation von Menschen in spezifische Normwelten. Grundsätzlich steht jede Person ab der Geburt bis zum Tod vor der Aufgabe unter dem Einfluss von Sozialisationsinstanzen Teil einer Gesellschaft zu werden. In Bezug auf Kriminalität erscheint die Frage interessant, unter welchem Einfluss und unter welchen Umständen deviante Denk- und Verhaltensmuster verinnerlicht werden könnten. Wie eng war die Bindung des sozialisierenden, sozialen Umfelds an Institutionen und Normen der Mehrheitsgesellschaft und welche Persönlichkeitsstrukturen, insbesondere hinsichtlich der Selbstkontrolle des Individuums, sind erkennbar? Dabei können Faktoren der Mikro-, der Meso- und/oder der Makroebene eine entscheidende Funktion haben. Der Prozess der Radikalisierung ist höchst individuell, nicht per se als negativ anzusehen und die empirischen Erkenntnisse zum Ablauf ausbaufähig.

Das vierte Kapitel ‚Kriminalität und soziale Kontrolle' befasste sich mit der Wirkung von positiven oder negativen Sanktionen durch Akteure der Gesamtgesellschaft auf Individuen und/oder Kollektive, um ein bestimmtes, erwünschtes

Verhalten wahrscheinlicher zu machen. Zu unterscheiden sind dabei formelle Instanzen wie Strafermittlungs- und Verfolgungsbehörden von informellen Instanzen wie der Familie oder dem Freundeskreis. Entscheidend ist dabei die Frage, welches Verhalten als normkonform gilt, wie diese Vorstellungen erzeugt und verfestigt werden, welchen subjektiven wie objektiven Bedrohungen dieser Wunschzustand ausgesetzt ist und wie die Gesellschaft auf diese Gefahren reagieren sollte. Als Beispiel fungierte die Kriminalitätsfurcht, die zahlreiche Ansatzpunkte für die Erklärung und Entwicklung von Einstellungsmustern und Verhaltensweisen bietet. Diese reichen von subjektiv wahrgenommenen Bewältigungsressourcen, medialen Vermittlungsprozessen, Phänomenen des Kontrollverlusts in der sozialen Umwelt bis hin zu empfundenen Unsicherheitsgefühlen durch gesellschaftlichen Wandel im globalen Maßstab. Soziale Kontrolle kann nicht nur erwünschtes Verhalten begünstigen, wie der Labeling Approach zeigt. Auch Devianz-Karrieren können sich durch Sanktionen entwickeln und situative Entscheidungsprozesse von Individuen grundlegend beeinflusst werden.

Ein weiterführender Blick wurde in die Diskussion, das fünfte Kapitel, eingebettet, um zusätzliche Ideen und bedeutende Ansätze einzubinden, die in den vorigen Kapiteln keinen Platz fanden. Beginnend mit der Entwicklung, jenseits biologischer Ursachen den Einfluss der Gesellschaft auf soziales Handeln zu berücksichtigen, bis hin zum Versuch, die zahlreichen Erkenntnisse in eine übergreifende Theorie einzubinden: Die Entwicklung der Kriminalsoziologie hat einen langen Weg zurückgelegt. Sowohl gesellschaftlicher Wandel und sich damit einhergehend stetig ändernde Gelegenheitsstrukturen als auch neue Formen der Delinquenz, wie beispielsweise die Cyberkriminalität, sorgen jedoch dafür, dass die Komplexität des Gegenstands nicht abnimmt und damit der Bedarf an Forschung weiter groß bleibt.

Dieses Buch bietet einen Überblick über die Vielfalt der möglichen Gründe, Motivationen und Auswirkungen von Delinquenz. Es versteht sich zum einen als Angebot, grundlegende Überlegungen in ihrer historischen Entwicklung, in umgekehrter Reihenfolge, an aktuelle Fragestellungen zu binden und somit aus einer neuen Perspektive zu betrachten. Zum anderen möchte dieses Buch dazu anregen, Kriminalität, deren Existenz alle Gesell- und Gemeinschaften betrifft und betreffen wird, tiefer verstehen zu wollen und in ihrer Funktion als Teil des alltäglichen Lebens zu begreifen.

7. Informationsteil und Verzeichnisse

7.1 Literaturverzeichnis

Abay Gaspar, Hande A./Deitelhoff, Nicole/Daase, Christopher/Sold, Manjana/Junk, Julian (2019) Vom Extremismus zur Radikalisierung: Zur wissenschaftlichen Konzeptualisierung illiberaler Einstellungen, in: Christopher Daase/Nicole Deitelhoff/Julian Junk (Hg.): Gesellschaft Extrem. Was wir über Radikalisierung wissen. Frankfurt/New York: Campus Verlag. S. 15–44.

Abay Gaspar, Hande A./Daase, Christopher/Deitelhoff, Nicole/Junk, Julian/Sold, Manjana (2018) Was ist Radikalisierung? Präzisierungen eines umstrittenen Begriffs. PRIF-Report 5/2018. Frankfurt/Main: Leibniz-Institut Hessische Stiftung Friedens- und Konfliktforschung.

Adriaenssen, An/Aertsen, Ivo (2015) Punitive attitudes: Towards an operationalization to measure individual punitivity in a multi-dimensional way, European Journal of Criminology 12 (1): 92–112.

Agnew, Robert (1985) A Revised Strain Theory of Delinquency, Social Forces 61 (1): 151–167.

Akers, Ronald L. (1998) Social Learning and Social Structure: A General Theory of Crime and Deviance. Boston: Northeastern University Press.

Akers, Ronald L. (1977) Deviant behavior: a social learning approach. Belmont: Wadsworth Publishing Company.

Albrecht, Günter (2001) Soziale Ungleichheit, Deprivation und Gewaltkriminalität, in: Günter Albrecht/Otto Backes/Wolfgang Kühnel (Hg.): Gewaltkriminalität zwischen Mythos und Realität. Frankfurt/Main: Suhrkamp, S. 195–235.

Albrecht, Günter (1990) Theorie sozialer Probleme im Widerstreit zwischen ‚objektivistischen' und ‚rekonstruktionistischen' Ansätzen, Soziale Probleme 1(1/2): 5–20.

Aslan, Ednan/Erşan Akkılıç, Evrim/Hämmerle, Maximilian (2018) Islamistische Radikalisierung. Wiener Beiträge zur Islamforschung. Wiesbaden: Springer VS.

Baier, Dirk/Ellrich, Karoline (2014) Vertrauen in die Polizei im Spiegel verschiedener Befragungsstudien, in: Karoline Ellrich/Dirk Baier (Hg.): Polizeibeamte als Opfer von Gewalt. Ergebnisse einer Mixed-Method-Studie. Frankfurt/Main: Verlag für Polizeiwissenschaft, S. 43–90.

Baier, Dirk/Kemme, Stefanie/Hanslmaier, Michael/Doering, Bettina/Rehbein, Florian/Pfeiffer, Christian (2011) Kriminalitätsfurcht, Strafbedürfnisse und wahrgenommene Kriminalitätsentwicklung. Ergebnisse von bevölkerungsrepräsentativen Befragungen aus den Jahren 2004, 2006 und 2010.

Bals, Nicole (2004) Kriminalität als Stress: Bedingungen der Entstehung von Kriminalitätsfurcht, Soziale Probleme 15 (1): 54–76.

Bamberg, Sebastian/Davidov, Eldad/Schmidt, Peter (2008). Wie gut erklären „enge" oder „weite" Rational-Choice-Versionen Verhaltensveränderungen?, in: Andreas Diekmann/Klaus Eichner/Peter Schmidt/Thomas Voss (Hg.): Rational Choice: Theoretische Analysen und empirische Resultate. Wiesbaden: VS Verlag für Sozialwissenschaften, S. 143–169.

Bandura, Albert (1979) Sozialkognitive Lerntheorie. Stuttgart: Klett-Cotta.

Bannenberg, Britta/Rössner, Dieter (2005) Kriminalität in Deutschland. München: Verlag C.H. Beck.

Beccaria, Cesare (1764) Dei delitti e delle pene. Livorno: Marco Coltellini.

Beck, Ulrich (1986) Risikogesellschaft. Auf dem Weg in eine andere Moderne. Frankfurt/Main: Suhrkamp.

Becker, Howard S. (2019) Außenseiter. Zur Soziologie abweichenden Verhaltens. 3. Auflage. Wiesbaden: VS Verlag für Sozialwissenschaften.

Becker, Gary S. (1993) Der ökonomische Ansatz zur Erklärung menschlichen Verhaltens. Tübingen: Mohr Siebeck.

Becker, Gary S. (1968) Crime and punishment: An Economic Approach, Journal of Political Economy 76 (29): 169–217.

Bentham, Jeremy (1966 [1789]) Principien der Gesetzgebung. Frankfurt/Main: Bauer.

Berger, Peter L. (1969) Einladung zur Soziologie. Eine humanistische Perspektive. Freiburg: Walter.

Berger, Peter L./Luckmann, Thomas (2018) Die gesellschaftliche Konstruktion der Wirklichkeit. Eine Theorie der Wissenssoziologie. 27. Auflage. Frankfurt/Main: Fischer Taschenbuch Verlag.

Best, Henning (2007) Die Messung von Nutzen und subjektiven Wahrscheinlichkeiten: ein Vorschlag zur Operationalisierung der Rational Choice Theorie. Methoden, Daten, Analysen 1 (2): 183–212.

Blanz, Bernhard/Remschmidt, Helmut/Schmidt, Martin/Warnke, Andreas (2006) Psychische Störungen im Kindes- und Jugendalter. Stuttgart: Schattauer.

Bögelein, Nicole/Meier, Jana/Neubacher, Frank (2017) Modelle von Radikalisierungsverläufen – Einflussfaktoren auf Mikro-, Meso- und Makroebene, Neue Kriminalpolitik 29 (4): 370–378.

Bögelein, Nicole/Wolter, Daniel (2015) Zur Lage der Kriminalsoziologie in Deutschland, Kriminologisches Journal 2: 131–145.

Boers, Klaus (2002) Furcht vor Gewaltkriminalität, in: Wilhelm Heitmeyer/John Hagan (Hg.): Internationales Handbuch der Gewaltforschung. Wiesbaden: Westdeutscher Verlag GmbH, S. 1399–1422.

Boers, Klaus/Kurz, Peter (2001) Kriminalitätsfurcht ohne Ende?, in: Günter Albrecht/Otto Backes/Wolfgang Kühnel (Hg.): Gewaltkriminalität zwischen Mythos und Realität. Frankfurt/Main: Suhrkamp, S. 123–144.

Bohn, Cornelia (2006) Inklusion, Exklusion und die Person. Konstanz: UVK-Verlag.

Bonß, Wolfgang/Dimbath, Oliver/Maurer, Andrea/Nieder, Ludwig/Pelizäus-Hoffmeister, Helga/Schmid, Michael (2013) Handlungstheorie. Eine Einführung. Bielefeld: transcript Verlag.

Borum, Randy (2011) Radicalization into violent extremism II: a review of conceptual models and empirical research, Journal of Strategic Security 4 (4): 37–62.

Bourdieu, Pierre (1983) Ökonomisches Kapital, kulturelles Kapital, soziales Kapital, in: Reinhard Kreckel (Hg.): Soziale Ungleichheiten. Göttingen: Schwartz, S. 183–198.

Braun, Eberhard/Mayer, Matthias/Palmizi, Christian/Scherer, Iren (2014) Die Rose am Kreuz der Gegenwart. Ein Gang durch Hegels „Phänomenologie des Geistes". Mössingen-Talheim: Talheimer.

Bruinsma, Gerden (2016) Proliferation of crime causation theories in an era of fragmentation: Reflections on the current state of criminological theory, European Journal of Criminology 13 (6): 659–676.

Bude, Heinz (1998) Die Überflüssigen als transversale Kategorie, in: Peter A. Berger/Michael Vester (Hg.): Alte Ungleichheiten – neue Spaltungen. Wiesbaden: Leske + Budrich, S. 363–382.

Bude, Heinz/Lantermann, Ernst.-D. (2006) Soziale Exklusion und Exklusionsempfinden, Kölner Zeitschrift für Soziologie und Sozialpsychologie 58 (2): 233–252.

Bude, Heinz/Willisch, Andreas (2006) Das Problem der Exklusion, in: Heinz Bude/Andreas Willisch (Hg.): Das Problem der Exklusion. Ausgegrenzte, Entbehrliche, Überflüssige. Hamburg: Hamburger Edition, S. 7–27.

Bundesamt für Verfassungsschutz (2022) Extremismus. Unter: https://www.verfassungsschutz.de/DE/service/glossar/Functions/glossar.html?cms_lv2=678586 (Zugriff am 16.09.2022).

Bundeskriminalamt (2022) PKS – Bedeutung, Inhalt, Aussagekraft. Unter: https://www.bka.de/DE/AktuelleInformationen/StatistikenLagebilder/PolizeilicheKriminalstatistik/bedeutungInhaltAussagekraft.html?nn=46948 (Zugriff am 16.09.2022).

Bundesministerium des Innern und für Heimat (2022) Verfassungsschutzbericht 2021. Berlin.

Burgess, Ernest W. (1925) The Growth of the City: An Introduction to a Research Project, in: Robert E. Park/ Ernest W. Burgess/ Roderick D. McKenzie (Hg.): The City. Chicago: University of Chicago Press, S. 47–62.

Burzan, Nicole (2011) Soziale Ungleichheit. Eine Einführung in die zentralen Theorien. Wiesbaden: VS Verlag für Sozialwissenschaften.

Caiani, Manuela/Della Porta, Donatella (2010) Extreme Right and Populism: A Frame Analysis of Extreme Right Wing Discourses in Italy and Germany. IHS Political Science Series No. 121.

Clay, Phillip L. (1979) Neighborhood Renewal: Middle Class Resettlement und Incumbent Upgrading in American Neighborhoods. Lexington: Lexington Books.

Cloward, Richard. A./Ohlin, Lloyd E. (1960) Delinquency and Opportunity: A Theory of Delinquent Gangs. Glencoe: The Free Press.

Cohen, Albert K. (1957) Kriminelle Subkulturen, in: Peter Heintz/René König (Hg.): Soziologie der Jugendkriminalität, Studien zur Sozialwissenschaft. Wiesbaden: VS Verlag für Sozialwissenschaften, S. 103–117.

Cohen, Lawrence E./Felson, Marcus (1979) Social Change and Crime Rate Trends: A Routine Activity Approach, American Sociological Review 44: 588–608.

Cohen, Stanley (1993) Soziale Kontrolle und die Politik der Rekonstruktion, in: Detlev Frehsee/Gabi Löschper/Karl F. Schuhmann (Hg.): Strafrecht, soziale Kontrolle, soziale Disziplinierung. Jahrbuch für Rechtssoziologie und Rechtstheorie 15. Wiesbaden: VS Verlag für Sozialwissenschaften, S. 209–237.

Cornish, Derek B./Clarke, Ronald V. (1986) The Reasoning Criminal: Rational Choice Perspectives on Offending. New York: Springer.

Corrieri, Sandro/Müller, Charlotte (2022) Polizeivertrauen in Deutschland – Eine Übersicht, Polizei & Wissenschaft 4: 19–28.

Dachwitz, Ingo/Rudl, Tomas/Rebiger, Simon (2018) FAQ – Was wir über den Skandal um Facebook und Cambridge Analytica wissen. Unter: https://netzpolitik.org/2018/cambridge-analytica-was-wir-ueber-das-groesste-datenleck-in-der-geschichte-von-facebook-wissen (Zugriff am 16.09.2022).

Dalgaard-Nielsen, Anja (2010) Violent Radicalization in Europe: What We Know and What We Do Not Know, Studies in Conflict & Terrorism 33 (9): 797–814.

Dangschat, Jens S. (2014) Soziale Ungleichheit und der (städtische) Raum. In: Peter A. Berger/Carsten Keller/Andreas Klärner/Rainer Neef (Hg.): Urbane Ungleichheiten. Neue Entwicklungen zwischen Zentrum und Peripherie. Wiesbaden: Springer VS, S. 117–132.

Dehne, Max (2017) Soziologie der Angst. Konzeptuelle Grundlagen, soziale Bedingungen und empirische Analysen. Wiesbaden: VS Springer Fachmedien.

Dellwing, Michael (2019) Einleitung. Labeling und die Nonchalance des Interaktionisten: Howard Beckers bescheidener und zentraler Beitrag zur Devianzsoziologie, in: Howard S. Becker (2019) Außenseiter. Zur Soziologie abweichenden Verhaltens. 3. Auflage. Wiesbaden: VS Verlag für Sozialwissenschaften, S. VII-XXV.

De Meere, Freek/Lensink, Lisa (2017) Jugendberatung gegen Radikalisierung: Handbuch für ‚Front-Line Workers'. Utrecht: YCARE.

derstandard.de (2019) Deutscher BKA-Chef: Medien schüren Angst vor Kriminalität. Unter: https://www.derstandard.de/story/2000101231450/deutscher-bka-chef-medien-schueren-angst-vor-kriminalitaet (Zugriff am 16.09.2022).

Diekmann, Andreas/Voss, Thomas (2004) Die Theorie rationalen Handelns. Stand und Perspektiven, in: Andreas Diekmann/Thomas Voss (Hg.): Rational-Choice-Theorie in den Sozialwissenschaften. Anwendungen und Probleme. München: Oldenbourg, S. 13–29.

Dimbath, Oliver (2016) Einführung in die Soziologie. 3. Auflage. Paderborn: Wilhelm Fink.

Dölling, Dieter/Hermann, Dieter/Laue, Christian (2022) Kriminologie. Ein Grundriss. Berlin/Heidelberg: Springer.

Dollinger, Bernd/Raithel, Jürgen (2006) Einführung in die Theorien abweichenden Verhaltens: Perspektiven, Erklärungen und Interventionen. Weinheim: Beltz.

Dreher, Jochen/Luckmann, Thomas (2007) Lebenswelt, Identität und Gesellschaft. Schriften zur Wissens- und Protosoziologie. Köln: Herbert von Halem Verlag.

Durkheim, Émile (1998) Die elementaren Formen religiösen Lebens. Frankfurt/Main: Suhrkamp.

Durkheim, Émile (2012) Über soziale Arbeitsteilung: Studie über die Organisation höherer Gesellschaften. 6. Auflage. Frankfurt/Main: Suhrkamp.

Durkheim, Émile (2019) Die Regeln der soziologischen Methode. 9. Auflage. Berlin: Suhrkamp.

Durkheim, Émile (2020) Der Selbstmord. 15. Auflage. Berlin: Suhrkamp.

Dzhekova, Rositsa/Mancheva, Mila/Stoynova, Nadya/Anagnostou, Dia (2017) Monitoring Radicalisation: A Framework for Risk Indicators. Sofia: Center for the Study of Democracy.

Ecarius, Jutta/Eulenbach, Marcel/Fuchs, Thorsten/Walgenbach, Katharina (2011) Jugend und Sozialisation. Wiesbaden: VS Verlag für Sozialwissenschaften.

Edelman Trust Barometer (2020). Unter: https://www.edelman.de/sites/g/files/aatuss401/files/2020-01/2020%20Edelman%20Trust%20Barometer%20Global%20Report_Final.pdf (Zugriff am 16.09.2022).

Eifler, Stefanie (2002) Kriminalsoziologie. Bielefeld: transcript Verlag.

Eifler, Stefanie/Leitgöb, Heinz (2018) Handlungstheoretische Ansätze zur Erklärung von Kriminalität. Eine Darstellung aus der Perspektive der analytischen Soziologie, in: Dieter Hermann/Andreas Pöge (Hg.): Kriminalsoziologie. Handbuch für Wissenschaft und Praxis. Baden-Baden: Nomos, S. 11–38.

Eifler, Stefanie/Schulz, Sonja (2007) Rational Choice, Handlungskontrolle und Alltagskriminalität, Soziale Probleme 18 (2): 139–162.

Endruweit, Günter/Burzan, Nicole (2014) Ungleichheit, soziale, in: Günter Endruweit/Gisela Trommsdorff/Nicole Burzan (Hg.): Wörterbuch der Soziologie. 3. Auflage. Konstanz: UVK Verlagsgesellschaft mbH, S. 571–573.

Erikson, Erik H. (1966) Wachstum und Krisen der gesunden Persönlichkeit. Stuttgart: Ernst Klett Verlag.

Esser, Hartmut (1999) Soziologie – Allgemeine Grundlagen. 3. Auflage. Frankfurt/ New York: Campus.

Evans, T. David/Cullen, Francis T./Burton Jr., Velmer S./Dunaway, R. Gregory/ Benson, Michael L. (2006) The Social Consequences of Self-Control: Testing the General Theory of Crime, Criminology 35 (3): 475–504.

Farwick, Andreas (2012) Segregation, in: Frank Eckardt (Hg.): Handbuch Stadtsoziologie. Wiesbaden: Springer, S. 381–419.

Farwick, Andreas (2001) Segregierte Armut in der Stadt. Ursachen und soziale Folgen der räumlichen Konzentration von Sozialhilfeempfängern. Opladen: Leske + Budrich.

Foucault, Michel (1991) Die Ordnung des Diskurses. Frankfurt/Main: Fischer-Taschenbuch-Verlag.

Foucault, Michel (1981) Archäologie des Wissens. Frankfurt/Main: Suhrkamp.

Franz, Stephan (2004) Grundlagen des ökonomischen Ansatzes: Das Erklärungskonzept des Homo Oeconomicus. Potsdam: Working Paper, Institut für Makroökonomik, Universität Potsdam.

Frevel, Bernhard (2012) Kriminalität und lokale Sicherheit, in: Frank Eckardt (Hg.): Handbuch Stadtsoziologie. Wiesbaden: Springer, S. 592–611.

Friedmann, Rebecca/Plha, Winnie (2017) Auf der Suche nach Orientierung. Risikofaktoren für Radikalisierung aus psychodynamisch-pädagogischer Perspektive, in: Bernd Traxl (Hg.): Aggression, Gewalt und Radikalisierung: psychodynamisches Verständnis und therapeutisches Arbeiten mit Kindern und Jugendlichen. Frankfurt/Main: Brandes & Aspel, S. 219–243.

Friedrichs, Jürgen (1996) Gentrification: Forschungsstand und methodologische Probleme, in: Jürgen Friedrichs/Robert Kecskes (Hg.): Gentrification: Theorie und Forschungsergebnisse. Opladen: Leske + Budrich, S. 13–40.

Frindte, Wolfgang/Slama, Brahim B./Dietrich, Nico/Pisoiu, Daniela/Uhlmann, Milena/Kausch, Melanie (2016) Wege in die Gewalt: Motivationen und Karrieren salfistischer Jihadisten. HSFK-Report 3/2016. Frankfurt/Main: Hessische Stiftung Friedens- und Konfliktforschung.

Füller, Henning/Glasze, Georg (2014) Gated communities und andere Formen abgegrenzten Wohnens, in: Bundeszentrale für politische Bildung (Hg.): Grenzen. Aus Politik und Zeitgeschichte 64 (43–5): 4–5.

Gehre, Anke (2014) Kriminalitätsfurcht von Migranten in Chemnitz. Frankfurt/ Main: Verlag für Polizeiwissenschaft.

Glaser, Daniel (1956) Criminality Theories and Behavioral Images, American Journal of Sociology 61 (5): 433–444.

Glasze, Georg (2003) Die fragmentierte Stadt: Ursachen und Folgen bewachter Wohnkomplexe im Libanon. Opladen: Leske + Budrich.

Glueck, Sheldon/Glueck, Eleanor (1950) Unraveling Juvenile Delinquency. New York: Commonwealth Fund.

Goffman, Erving (1994) Stigma. Über Techniken der Bewältigung beschädigter Identität. 11. Auflage. Frankfurt/Main: Suhrkamp.

Gottfredson, Michael R./Hirschi, Travis (1990) A General Theory of Crime. Stanford: Stanford University Press.

Groenemeyer, Axel (2001) Soziologische Konstruktionen sozialer Probleme und gesellschaftliche Herausforderungen – Eine Einführung, Soziale Probleme 12 (1/2): 5–27.

Groh-Samberg, Olaf (2009) Armut, soziale Ausgrenzung und Klassenstruktur. Wiesbaden: VS Verlag für Sozialwissenschaften.

Groll, Kurt H. G./Lander, Bettina (2000) Entwicklung des Vertrauens der Bevölkerung in die Polizei 1984–1995, in: Karlhans Liebl/Thomas Ohlemacher (Hg.): Empirische Polizeiforschung. Interdisziplinäre Perspektiven in einem sich entwickelnden Forschungsfeld. Herbolzheim: Centaurus Verlag, S. 92–113.

Guerry, André-M. (1833) Essai sur la statistique morale de la France. Paris: Crochard.

Häußermann, Hartmut/Siebel, Walter (2004): Stadtsoziologie. Eine Einführung. Frankfurt/Main: Campus.

Hahne, Michael/Hempel, Leon/Pelzer, Robert (2020) (Un-)Sicherheitsgefühle und subjektive Sicherheit im urbanen Raum. Nr. 70, Heft 2. Berlin: Berliner Forum Gewaltprävention.

Haferkamp, Hans (1980) Herrschaft und Strafrecht. Opladen: Leske + Budrich.

Harrendorf, Stefan/Geng, Bernd (2020) Der rational kalkulierende Verbrecher? Zu Entwicklung, Stand und Zukunftsperspektiven ökonomischer Kriminalitätstheorien, in: Jörg-M. Jehle (Hg.): Das sogenannte Böse. Das Verbrechen aus interdisziplinärer Perspektive. Baden-Baden: Nomos, S. 201–236.

Hecker, Meike (2020) Polizeivertrauen – als Teil Kommunaler Kriminalprävention, in: Rita Haverkamp/Franca Langlet (Hg.): Auf den Spuren der kommunalen Kriminalprävention in Deutschland: Anfänge – Etablierung – Perspektiven in Wissenschaft und Praxis. Symposium am 11. Februar 2020. Tübingen: Institut für Kriminologie der Universität Tübingen, S. 29–39.

Hecker, Meike/Starcke, Jan (2017) Sozialer Zusammenhalt und Polizeivertrauen, Soziale Probleme 28: 223–239.

Heinz, Wolfgang (2011) Neue Straflust der Strafjustiz – Realität oder Mythos?, NK Neue Kriminalpolitik 23 (1): 14–27.

Heitmeyer, Wilhelm (2002) Deutsche Zustände. Frankfurt/Main: Suhrkamp.

Heitmeyer, Wilhelm (1992) Rechtsextremistische Orientierungen bei Jugendlichen. Weinheim/München: Juventa.

Hennig, Eike (2012) Chicago School, in: Frank Eckardt (Hg.): Handbuch Stadtsoziologie. Wiesbaden: Springer, S. 95–124.

Hermann, Dieter (2015) Kriminalprävention braucht Grundlagenforschung, in: Erich Marks/Wiebke Steffen (Hg.): Prävention braucht Praxis, Politik und Wissenschaft. Ausgewählte Beiträge des 19. Deutschen Präventionstages (12. und 13. Mai 2014 in Karlsruhe). Mönchengladbach: Forum Verlag Godesberg GmbH, S. 245–255.

Hermann, Dieter (2003) Werte und Kriminalität. Konzeption einer allgemeinen Kriminalitätstheorie. Wiesbaden: Westdeutscher Verlag.

Hess, Henner (2015) Das Karriere-Modell und die Karriere von Modellen. Zur Integration mikro-perspektivischer Devianztheorien am Beispiel der Appartement-Prostituierten, in: Henner Hess (Hg.): Die Erfindung des Verbrechens. Wiesbaden: Springer VS, S. 291–327.

Hess, Henner (2004) Broken Windows: Zur Diskussion um die Strategie des New York Police Department, Zeitschrift für die gesamte Strafrechtswissenschaft 116 (1): 66–110.

Hess, Henner (1978) Sexualität und soziale Kontrolle: Beiträge zur Sexualkriminologie. Heidelberg: Kriminalistik-Verlag.

Hess, Henner/Scheerer, Sebastian (2004) Theorie der Kriminalität, in: Dietrich Oberwittler/Susanne Karstedt (Hg.): Soziologie der Kriminalität. Wiesbaden: VS Verlag für Sozialwissenschaften, S. 69–92.

Hillmann, Karl-H. (2007: Wörterbuch der Soziologie. 5. Auflage. Stuttgart: Alfred Kröner Verlag.

Hirschi, Travis (1969) Causes of delinquency. Berkeley: University of California Press.

Hirtenlehner, Helmut (2009) Kriminalitätsangst – klar abgrenzbare Furcht vor Straftaten oder Projektionsfläche sozialer Unsicherheitslagen?, Journal für Rechtspolitik 17 (1): 13–22.

Hirtenlehner, Helmut (2006a) Kriminalitätsfurcht – Ergebnis unzureichender Coping-Ressourcen?, Monatsschrift für Kriminologie und Strafrechtsreform 89 (1): 1–23.

Hirtenlehner, Helmut (2006b) Kriminalitätsfurcht – Ausdruck generalisierter Ängste und schwindender Gewissheiten? Untersuchung zur empirischen Bewährung der Generalisierungsthese in einer österreichischen Kommune, Kölner Zeitschrift für Soziologie und Sozialpsychologie 58 (2): 307–331.

Hirtenlehner, Helmut/Hummelsheim-Doß, Dina/Sessar, Klaus (2018) Kriminalitätsfurcht, in: Dieter Hermann/Andreas Pöge (Hg.): Kriminalsoziologie. Baden-Baden: Nomos, S. 459–474.

Hirtenlehner, Helmut/Groß, Eva/Meinert, Julia (2016) Fremdenfeindlichkeit, Straflust und Furcht vor Kriminalität. Interdependenzen im Zeitalter spätmoderner Unsicherheit, Soziale Probleme 27: 17–47.

Hoffman, Bruce (2017) Inside Terrorism. New York: Columbia University Press.

Hohage, Christoph (2004) Incivilities und Kriminalitätsfurcht, Soziale Probleme 15 (1): 77–95.

Hole, Günter (1995) Fanatismus. Freiburg: Psychosozial-Verlag.

Holm, Andrej (2012) Gentrification, in: Frank Eckardt (Hg.): Handbuch Stadtsoziologie. Wiesbaden: Springer, S. 661–688.

Hradil, Stefan/Schiener, Jürgen (2005) Soziale Ungleichheit in Deutschland. 8. Auflage. Wiesbaden: VS Verlag für Sozialwissenschaften.

Hüpping, Sandra (2005) Determinanten abweichenden Verhaltens. Ein empirischer Theorienvergleich zwischen der Anomietheorie und der Theorie des geplanten Verhaltens. Münster: LIT.

Hummelsheim-Doß, Dina (2016) Kriminalitätsfurcht in Deutschland. Fast jeder Fünfte fürchtet, Opfer einer Straftat zu werden, Informationsdienst Soziale Indikatoren 55: 6–11.

Hummelsheim, Dina/Oberwittler, Dietrich/Pritsch, Julian (2014) Die Beziehung zwischen Kriminalitätsfurcht und generalisiertem Vertrauen – Mehrebenenanalysen zur Rolle individueller und kontextueller Faktoren, in: Stefanie Eifler/Daniela Pollich (Hg.): Empirische Forschung über Kriminalität: Methodologische und methodische Grundlagen. Wiesbaden: Springer VS, S. 405–438.

Hurrelmann, Klaus/Quenzel, Gudrun (2016) Lebensphase Jugend. Eine Einführung in die sozialwissenschaftliche Forschung. 13. Auflage. Weinheim/München: Juventa.

Imbusch, Peter/Heitmeyer, Wilhelm (2008) Integration – Desintegration. Ein Reader zur Ordnungsproblematik moderner Gesellschaften. Wiesbaden: VS-Verlag.

Imhof, Regula/Becker, Rolf (2008) Kriminalität als rationale Wahlhandlung: die Rolle der Bildung beim Begehen von Straftaten, in: Karl-S. Rehberg (Hg.): Die Natur der Gesellschaft: Verhandlungen des 33. Kongresses der Deutschen Gesellschaft für Soziologie in Kassel 2006. Teilband 1 und 2. Frankfurt/Main: Campus, S. 2360–2369.

Hohmeier, Jürgen (2010): Stigmatisierung/Etikettierung, in: Astrid Kaiser/Ditmar Schmetz/Peter Wachtel/Birgit Werner (Hg.): Bildung und Erziehung. Stuttgart: Verlag W. Kohlhammer, S. 169–173.

Keller, Reiner (2011) Wissenssoziologische Diskursanalyse. Grundlegung eines Forschungsprogramms. 3. Auflage. Wiesbaden: VS Verlag für Sozialwissenschaften.

Kelling, George L./Wilson, James Q. (1982) Broken Windows. The Police and Neighborhood Safety. The Atlantic.

Kemme, Stefanie/Doering, Bettina (2015) Viktimisierung und Strafeinstellungen, in: Natalie Guzy/Christoph Birkel/Robert Mischkowitz (Hg.): Viktimisierungsbefragungen in Deutschland. Bd. 1. Ziele, Nutzen und Forschungsstand. Wiesbaden: Bundeskriminalamt, S. 543–571.

Kennedy, Maureen/Leonard, Paul (2001) Dealing with Neighbourhood Change: A Primer on Gentrification and Policy Choices. Washington D.C.: The Brookings Institution Center on Urban and Metropolitan Policy and Policy Link.

Kerner, Hans-J. (1986) Verbrechensfurcht und Viktimisierung, in: Walter T. Haesler (Hg.): Viktimologie. Diesenhofen: Rüegger, S. 131–159.

Khosrokhavar, Farhad (2005) Suicide bombers. Allah's New Martyrs. London: Pluto Press.

Klamt, Martin (2012) Öffentliche Räume, in: Frank Eckardt (Hg.): Handbuch Stadtsoziologie. Wiesbaden: Springer, S. 775–804.

Klimke, Daniela (2019) Sicherheitsmentalitäten: Eine Alternative zum Konzept der Kriminalitätsfurcht, in: Daniela Klimke/Nina Oelkers/Martin K. W. Schweer (Hg.): Sicherheitsmentalitäten im ländlichen Raum. Wiesbaden: Springer VS, S. 23–56.

Kober, Marcus (2020) Prozessevaluation der Fachstelle PREvent!on – Prävention von religiös begründetem Extremismus. Bonn: Nationales Zentrum Kriminalprävention.

Köhler, Daniel (2017) Understanding deradicalization. Methods, tools and programs for countering violent extremism. London: Routledge.

Köhn, Anne/Bornewasser, Manfred (2012) Subjektives Sicherheitsempfinden. Münster: Westfälische Wilhelms-Universität.

Knäble, Jonas/Breiling, Lisanne/Rettenberger, Martin (2021) Theorien und Erklärungsmodelle von Radikalisierungsprozessen im Kontext des Rechtsextremismus, Forensische Psychiatrie, Psychologie, Kriminologie 15 (2): 99–108.

Knipping-Sorokin, Roman/Stumpf, Teresa/Koch, Gertraud (2016) Radikalisierung Jugendlicher über das Internet? Ein Literaturüberblick. Bonn: Deutsches Institut für Vertrauen und Sicherheit im Internet (DIVSI).

Korte, Hermann/Schäfers, Bernhard (2016) Einführung in Hauptbegriff der Soziologie. 9., überarbeitete und aktualisierte Auflage. Wiesbaden: Springer VS.

Kreuter, Frauke (2002) Kriminalitätsfurcht: Messung und methodische Probleme. Wiesbaden: VS Verlag für Sozialwissenschaften.

Kroneberg, Clemens (2011) Die Erklärung sozialen Handelns. Grundlagen und Anwendung einer integrativen Theorie. Wiesbaden: VS Verlag für Sozialwissenschaften.

Kürzinger, Josef (1982) Kriminologie. Eine Einführung in die Lehre vom Verbrechen. Stuttgart: Boorberg.

Lamnek, Siegfried (2018) Theorien abweichenden Verhaltens I. „Klassische" Ansätze. 10. Auflage. Paderborn: Wilhelm Fink Verlag.

Lamnek, Siegfried/Vogel, Susanne (2017) Theorien abweichenden Verhaltens II. „Moderne" Ansätze. 4. Auflage. Paderborn: Wilhelm Fink Verlag.

Lamnek, Siegfried/Ottermann, Ralf (2004) Tatort Familie. Häusliche Gewalt im gesellschaftlichen Kontext. Opladen: Leske + Budrich.

Landeskriminalamt NRW (2006) Individuelle und sozialräumliche Determinanten der Kriminalitätsfurcht. Sekundäranalyse der Allgemeinen Bürgerbefragungen der Polizei in NRW. Kriminalistisch-Kriminologische Forschungsstelle, Forschungsbericht Nr. 4.

Le Goix, Renaud/Webster, Chris J. (2008) Gated Communities, Geography Compass 2 (4): 1189–1214.

Lemert, Edwin M. (1951) Social Pathology. A Systematic Approach to the Theory of Sociopathic Behavior. A Discussion and Critique. New York: McGraw-Hill Book Company.

Lindenberg, Siegwart (1981) Erklärung als Modellbau: Zur soziologischen Nutzung von Nutzentheorien, in: Werner Schulte (Hg.): Soziologie in der Gesellschaft: Referate aus den Veranstaltungen der Sektionen der Deutschen Gesellschaft für Soziologie, der Ad-hoc-Gruppen und des Berufsverbandes Deutscher Soziologen beim 20. Deutschen Soziologentag in Bremen 1980. Bremen: Deutsche Gesellschaft für Soziologie (DGS), S. 20–35.

Lombroso, Cesare (1876) L'uomo delinquente. In rapporto all'antropologia, alla giurisprudenza ed alle discipline carcerarie. Turin: Bocca.

Luckmann, Thomas (1991) Die unsichtbare Religion. Frankfurt/Main: Suhrkamp.

Lüdemann, Christian/Ohlemacher, Thomas (2002) Soziologie der Kriminalität. Theoretische und empirische Perspektiven. Weinheim/München: Juventa Verlag.

Lütjen, Torben (2016) Die Politik der Echokammer: Wisconsin und die ideologische Polarisierung der USA. Bielefeld: Transcript Verlag.

Luhmann, Niklas (2014) Vertrauen. 5. Auflage. Konstanz: UVK Verlagsgesellschaft.

Mansel, Jürgen (2001) Kriminalberichterstattung und Anzeigeverhalten. Informelle Kontrollstrategien gegenüber kriminalisierbarem Verhalten Jugendlicher, in: Günter Albrecht/Otto Backes/Wolfgang Kühnel (Hg.): Gewaltkriminalität zwischen Mythos und Realität. Frankfurt/Main: Suhrkamp, S. 301–325.

Marx, Karl (2013) Das Kapital. Erster Band: Der Produktionsprozess des Kapitals. MEW Band 23. Dietz: Berlin.

McCauley, Clark/Moskalenko, Sophia (2011) Friction: How Radicalization Happens to Them and Us. New York: Oxford University Press.

Mehlkop, Guido (2020) Die Rolle sozialer Normen in einer weiten Rational Choice Theorie der Kriminalität, in: Ivan Krumpal/Roger Berger (Hg.): Devianz und Subkulturen. Theorien, Methoden und empirische Befunde. Wiesbaden: Springer VS, S. 13–49.

Meiering, David/Dziri, Aziz/Foroutan, Naika/Teune, Simon/Lehnert, Esther/Abou-Taam, Marwan (2018) Brückennarrative – Verbindende Elemente in der Radikalisierung von Gruppen. PRIF Report 7/2018. Frankfurt/Main: Leibniz-Institut Hessische Stiftung Friedens- und Konfliktforschung.

Merton, Robert K. (1971) Social Problems and Sociological Theory, in: Robert K. Merton/Robert Nisbet (Hg.): Contemporary Social Problems, 3. Auflage. New York: Harcourt, Brace, Jovanovich, S. 793–845.

Merton, Robert K./Kitt, Alice S. (1950) Contributions to the theory of reference group behaviour, in: Robert K. Merton/Paul F. Lazerfield (Hg.): Continuities in Social Research: Studies in the scope and method of "The American soldier". New York: Free Press, S. 40–105.

Merton, Robert K. (1938) Social Structure and Anomie, American Sociological Review 3 (5): 672–682.

Miller, Walter B. (1968) Die Kultur der Unterschicht als ein Entstehungsmilieu für Bandendelinquenz, in: Fritz Sack/René König (Hg.): Kriminalsoziologie. Frankfurt/Main: Akademische Verlagsgesellschaft, S. 339–359.

Moffitt, Terrie E. (1993) Adolescence-limited and life-course-persistent antisocial behavior: A developmental taxonomy, Psychological Review 100 (4): 674–701.

Mokatef, Mona (2015) Prekarisierung. Bielefeld: transcript Verlag.

Müller, Annika (2012) Soziale Exklusion, in: Frank Eckardt (Hg.): Handbuch Stadtsoziologie. Wiesbaden: Springer, S. 421–447.

Müller, Hans-P. (2009) Émile Durkheim. Studienbrief 03628. Hagen: Fern-Universität in Hagen.

Neumann, Katharina (2019) Medien und Islamismus: Der Einfluss von Medienberichterstattung und Propaganda auf islamistische Radikalisierungsprozesse. Wiesbaden: Springer VS.

Neumann, Peter/Winter, Charlie/Meleagrou-Hitchens, Alexander/Ranstorp, Magnus/Vidino, Lorenzo (2018) Die Rolle des Internets und sozialer Medien für Radikalisierung und Deradikalisierung. PRIF-Report 10/2018. Frankfurt/Main: Leibniz-Institut Hessische Stiftung Friedens- und Konfliktforschung.

Neumann, Peter (2016) Der Terror ist unter uns. Dschihadismus, Radikalisierung und Terrorismus in Europa. Berlin: Ullstein.

Neumann, Peter (2013) Radikalisierung, Deradikalisierung und Extremismus, in: Bundeszentrale für politische Bildung (Hg.): Deradikalisierung. Aus Politik und Zeitgeschichte 63 (29–31): 3–10.

Newman, Oscar (1973) Defensible Space. New York: Collier Books.

Noack, Marcel (2015) Messung von Kriminalitätsfurcht, in: Marcel Noack (Hg.): Methodische Probleme bei der Messung von Kriminalitätsfurcht und Viktimisierungserfahrungen. Wiesbaden: Springer VS, S. 87–92.

Oberwittler, Dietrich/Janssen, Heleen/Gerstner, Dominik (2017) Unordnung und Unsicherheit in großstädtischen Wohngebieten – Die überschätzte Rolle von ‚Broken Windows' und die Herausforderungen ethnischer Diversität, Soziale Probleme 28: 181–205.

Opp, Karl-D. (1999) Contending Conceptions of the Theory of Rational Action, Journal of Theoretical Politics 11 (2): 171–202.

Opp, Karl-D. (1974) Abweichendes Verhalten und Gesellschaftsstruktur. Darmstadt & Neuwied: Luchterhand.

Parsons, Talcott (1968) Systematische Theorie in der Soziologie. Gegenwärtiger Stand und Ausblick [1945], in: Dietrich Rüschemeyer (Hg.): Talcott Parsons Beiträge zur soziologischen Theorie. Neuwied: Luchterhand, S. 31–64.

Peters, Helge (2002) Soziale Probleme und soziale Kontrolle. Studienskripten zur Soziologie. Wiesbaden: VS Verlag für Sozialwissenschaften.

Pfadenhauer, Michaela (2017) The New Sociology of Knowledge. The Life and Work of Peter L. Berger. New York: Routledge.

Pisoiu, Daniela (2013) Theoretische Ansätze zur Erklärung individueller Radikalisierungsprozesse: Eine kritische Beurteilung und Überblick der Kontroversen, Journal EXIT-Deutschland 1: 41–87.

Popitz, Heinrich (1968) Über die Präventivwirkung des Nichtwissens. Dunkelziffer, Norm und Strafe. Tübingen: Mohr.

Pow, Choon-P. (2009) Neoliberalism and the Aestheticization of New Middle-Class Landscapes, Antipode 41 (2): 371–390.

Presserat (2022) Übersicht der Rügen. Unter: https://www.presserat.de/ruegen-presse-uebersicht.html (Zugriff am 16.09.2022).

Raposo, Rita (2006) Gated Communities, commodification and aestheticization: The Case of the Lisbon Metropolitan Area, GeoJournal 66 (1): 43–56.

Reuband, Karl-H. (2012) Paradoxien der Kriminalitätsfurcht: Welchen Stellenwert haben Kriminalitätsrisiken, Medienberichterstattung und generalisierte Ängste für die Veränderungen des lokalen Sicherheitsgefühls in der Bevölkerung?, Neue Kriminalpolitik 24 (4): 133–140.

Roh, Sunghoon/Choo, Tae M. (2008) Looking Inside Zone V: Testing Social Disorganization Theory in Suburban Areas, Western Criminology Review 9 (1): 1–16.

Ross, Edward A. (1896) Social Control, The American Journal of Sociology 1(5): 513–535.

Sack, Fritz (1972) Definition von Kriminalität als politisches Handeln: Der labeling approach, Kriminologisches Journal 4:3–31.

Sack, Fritz (1968) Neue Perspektiven in der Kriminologie, in: Fritz Sack/René König (Hg.): Kriminalsoziologie. Frankfurt/Main: Akademische Verlagsgesellschaft, S. 431–476.

Sageman, Marc (2008) Leaderless Jihad: Terror Networks in the Twenty-First Century. Pennsylvania: University of Pennsylvania Press.

Sampson, Robert J./Laub, John L. (1993) Crime in the Making. Pathways and Truning Points Through Life. Cambridge: Harvard University Press.

Savage, Leonard J. (1954) The Foundations of Statistics. New York: John Wiley and Sons.

Scheerer, Sebastian (1978) Der politisch-publizistische Verstärkerkreislauf. Zur Beeinflussung der Massenmedien im Prozess strafrechtlicher Sozialkontrolle, Kriminologisches Journal 10: 223–227.

Schnettler, Bernt (2006) Thomas Luckmann. Konstanz: UVK.

Schütz, Alfred/Luckmann, Thomas (1979) Strukturen der Lebenswelt. Frankfurt/Main: Suhrkamp.

Schwind, Hans-D. (2013) Kriminologie. Eine praxisorientierte Einführung mit Beispielen. 22. Auflage. Heidelberg: Kriminalistik.

Sellin, Thorsten (1938) Culture Conflict and Crime. Social Science Research Committee, Bulletin 41. New York: Social Science Research Council.

Shaw, Clifford/McKay, Henry D. (1942) Juvenile Delinquency and Urban Areas: A Study of Rates of Delinquents in Relation to Differential Characteristics of Local Communities in American Cities. University of Chicago Press: Chicago.

Shelden, Randall (2004): Assessing 'Broken Windows': A Brief Critique. Center on Juvenile and Criminal Justice.

Singelnstein, Tobias/Kunz, Karl-L. (2021) Kriminologie. Eine Grundlegung. 8. Auflage. Bern: Haupt-Verlag.

Singelnstein, Tobias/Stolle, Peer (2012) Die Sicherheitsgesellschaft. Soziale Kontrolle im 21. Jahrhundert. 3., vollständig überarbeitete Auflage. Wiesbaden: VS Verlag für Sozialwissenschaften.

Skinner, Burrhus F. (1953) Science and Human Behavior. New York: Macmillan.

Skogan, Wesley G./Maxfield, Michael G. (1981) Coping with Crime: Individual and Neighborhood Reactions. Beverly Hills: Sage.

Stahl, Enno (2019) Die Sprache der Neuen Rechten: Populistische Rhetorik und Strategien (Einsichten). Stuttgart: Alfred Körner Verlag.

Stehr, Johannes (2012) Kritische Kriminologie als ideologiekritisches Projekt, in: Roland Anhorn/Frank Bettinger/Cornelis Horlacher/Kerstin Rathgeb (Hg.): Kritik der Sozialen Arbeit – kritische Soziale Arbeit. Wiesbaden: VS Verlag für Sozialwissenschaften, S. 431–448.

Steuerwald, Christian (2016) Die Sozialstruktur Deutschlands im internationalen Vergleich. 3. Auflage. Wiesbaden: Springer VS.

Šuber, Daniel (2012) Émile Durkheim. Konstanz: UVK.

Sumner, William G. (1906) Folkways. A study of the sociological importance of usages, manners, customs, mores, and morals. New York: Ginn.

Sunshine, Jason/Tyler, Tom R. (2003) The Role of Procedural Justice and Legitimacy in Shaping Public Support for Policing, Law & Society Review 37 (3): 513–547.

Sutherland, Edwin H. (1968) Die Theorie der differentiellen Kontakte, in: Fritz Sack/René König (Hg.): Kriminalsoziologie. Frankfurt/Main: Akademische Verlagsgesellschaft, S. 395–399.

Sykes, Gresham M./Matza, David (1958) Techniques of Neutralization: A theory of Delinquency, American Sociological Review 22: 664–670.

Tajfel, Henri/Turner, John C. (1986) The Social Identity Theory of Intergroup Behaviour, in: William G. Austin/Stephen Worchel (Hg.): Psychology of Intergroup Relations. Chicago: Nelson-Hall Publishers, S. 7–24.

Tajfel, Henri/Billig, Michael/Bundy, Robert P./Flament, Claude (1971): Social Categorization and Inter-Group Behaviour, European Journal of Social Psychology 1 (2): 149 – 178.

Tannenbaum, Frank (1938) Crime and the Community. New York/London: Columbia University Press.

Tarde, Gabriel (2009) Die Gesetze der Imitation. Frankfurt/Main: Suhrkamp.

Thurman, Quint C. (1984): Deviance and the neutralization of commitment: An empirical analysis, Deviant Behavior 5: 291–304.

Tyler, Tom/ Boeckmann Robert (1997) Three strikes and you're out, but why? The psychology of public support for punishing rule breakers, Law & Society Review 31: 237–265.

Quensel, Stephan (1970) Wie wird man kriminell? Verlaufsmodell einer fehlgeschlagenen Interaktion zwischen Delinquenten und Sanktionsinstanz, Kritische Justiz 3 (4): 375–382.

Quételet, Adolphe (1848) Sur la statistique morale et les principes qui doivent en former la base, Mémoires de l'Académie Royales des Sciences, des Lettres et des Beaux-Arts de Belgique 21: 1–68.

U.S. Census Bureau (2019) American Housing Survey. Unter: https://www.census.gov/programs-surveys/ahs/data/interactive/ahstablecreator.html?s_areas=00000&s_year=2019&s_tablename=TABLES03&s_bygroup1=1&s_bygroup2=1&s_filtergroup1=1&s_filtergroup2=1 (Zugriff am 16.09.2022).

Von Feuerbach, Paul J. A. (1983 [1832]) Kaspar Hauser – Beispiel eines Verbrechens am Seelenleben des Menschen. Heidelberg: Kriminalistik Verlag.

Von Liszt, Franz (2021) Strafrechtliche Aufsätze und Vorträge. Band 2, 1892–1904. Berlin/Boston: De Gruyter.

Weber, Max (1972) Wirtschaft und Gesellschaft. Tübingen: J.C.B. Mohr.

Whyte, William F. (1943) Social Organization in the Slums, American Sociological Review 8: 34–39.

Wikström, Per-O. H. (2004) Crime as Alternative: Towards a Cross-Level Situational Action Theory of Crime Causation, in: Joan McCord (Hg.): Beyond Empiricism: Institutions and Intentions in the Study of Crime. New Brunswick: Transaction, S. 1–37.

Wiktorowicz, Quintan (2005) Radical Islam Rising. Muslim Extremism in the West. Lanham: Rowman and Littlefield.

Yendell, Alexander/Decker, Oliver/Brähler, Elmar (2016) Wer unterstützt Pegida und was erklärt die Zustimmung zu den Zielen der Bewegung?, in: Oliver Decker/Johannes Kiess/Elmar Brähler (Hg.): Die enthemmte Mitte. Autoritäre und rechtsextreme Einstellung in Deutschland. Gießen: Psychosozial-Verlag, S. 137–152.

Zick, Andreas/Srowig, Fabian/Roth, Viktoria/Pisoiu, Daniela/Seewald, Katharina (2019) Individuelle Faktoren der Radikalisierung zu Extremismus, Gewalt und Terror: Zur Forschungslage, in: Christopher Daase/Nicole Deitelhoff/Julian Junk (Hg.): Gesellschaft Extrem. Was wir über Radikalisierung Wissen. Frankfurt/New York: Campus Verlag, S. 45–90.

Ziegleder, Diana/Kudlacek, Dominic/Fischer, Thomas A. (2011): Zur Wahrnehmung und Definition von Sicherheit durch die Bevölkerung. Erkenntnisse und Konsequenzen aus der kriminologisch-sozialwissenschaftlichen Forschung. Forschungsforum Öffentliche Sicherheit. Schriftenreihe Sicherheit Nr. 5.

7.2 Kommentierte Listen

7.2.1 Zeitschriften

American Journal of Criminal Justice (https://www.springer.com/journal/12103)
Archiv für Kriminologie (https://www.archivfuerkriminologie.de/)
British Journal of Criminology (https://academic.oup.com/bjc)
Criminology (https://onlinelibrary.wiley.com/journal/17459125)
Criminology & Criminal Justice (https://journals.sagepub.com/home/crj)
Critical Criminology (https://www.springer.com/journal/10612)
European Journal of Criminology (https://journals.sagepub.com/home/euc)
Forensische Psychiatrie, Psychologie, Kriminologie (https://www.springer.com/journal/11757)
International Criminology (https://www.springer.com/journal/43576)
Journal of Criminology (https://journals.sagepub.com/home/anj)
Justice Quarterly (https://www.tandfonline.com/journals/rjqy20)
Kriminologie – Das Online-Journal (https://www.kriminologie.de/index.php/krimoj)
Kriminologisches Journal (http://www.krimj.de/index.php/de/)
Monatsschrift für Kriminologie und Strafrechtsreform (https://www.degruyter.com/journal/key/mks/html?lang=de)
Neue Kriminalpolitik (https://www.nk.nomos.de/)
Neue Zeitschrift für Kriminologie und Kriminalpolitik (https://www.nkrim.ch/)

7.2.2 Handbücher und Nachschlagewerke

Dölling, Dieter/Hermann, Dieter/Laue, Christian (2022) Kriminologie. Ein Grundriss. Berlin/Heidelberg: Springer.

Eifler, Stefanie (2002) Kriminalsoziologie. Bielefeld: transcript Verlag.

Lamnek, Siegfried (2018) Theorien abweichenden Verhaltens I. „Klassische" Ansätze. 10. Auflage. Paderborn: Wilhelm Fink Verlag.

Lamnek, Siegfried/Vogel, Susanne (2017) Theorien abweichenden Verhaltens II. „Moderne" Ansätze. 4. Auflage. Paderborn: Wilhelm Fink Verlag.

Lüdemann, Christian/Ohlemacher, Thomas (2002) Soziologie der Kriminalität. Theoretische und empirische Perspektiven. Weinheim/München: Juventa Verlag.

Schwind, Hans-D. (2013) Kriminologie. Eine praxisorientierte Einführung mit Beispielen. 22. Auflage. Heidelberg: Kriminalistik.

Singelnstein, Tobias/Kunz, Karl-L. (2021) Kriminologie. Eine Grundlegung. 8. Auflage. Bern: Haupt-Verlag.

7.2.3 Fachgesellschaften

American Society of Criminology (https://asc41.com/)
British Society of Criminology (https://www.britsoccrim.org/)
European Society of Criminology (https://www.esc-eurocrim.org/)
Forschungsforum Öffentliche Sicherheit (https://www.sicherheit-forschung.de/)
Gesellschaft für interdisziplinäre wissenschaftliche Kriminologie (http://giwk.de/)
Hessische Stiftung für Friedens- und Konfliktforschung (https://www.hsfk.de/)
Kriminologische Gesellschaft (http://www.krimg.de/drupal/)
Kriminologische Zentralstelle (https://www.krimz.de/)
Kriminologisches Forschungsinstitut Niedersachsen e.V. (https://kfn.de/)

7.2.4 Datenbanken

KrimDok (https://krimdok.uni-tuebingen.de/)
KrimLit (https://allegro.wwwan.de/cgi-bin/krimz/maske.pl?db=krimz&lang=de)

7.2.5 Bildquellen

Bild 1: Colourbox, Nr. 26666359 – Plattenbau (https://www.colourbox.de/bild/social-housing-skyscraper-in-berlin-mitte-bild-26666359)

Bild 2: Colourbox, Nr. 26297742 – Gated Community (https://www.colourbox.de/bild/community-gated-auffahrt-bild-26297742)

Bild 3: Colourbox, Nr. 29442885 – Zerbrochenes Fenster (https://www.colourbox.de/bild/fenster-einbruch-angebrochen-bild-29442885)

Bild 4: Robert King Merton – Ersteller: Eric Koch / Anefo Credit: Nationaal Archief; Urheberrecht: http://proxy.handle.net/10648/aab1d08e-d0b4-102d-bcf8-003048976d84

Bild 5: Pixabay – Phrenologie (https://pixabay.com/de/vectors/gehirn-diagramm-gesicht-randbereich-2029363/)

Bild 6: Colourbox, Nr. 48299536 – Demonstration von Covid-Gegnern (https://www.colourbox.de/bild/demonstration-protest-pandemie-bild-48299536)

Bild 7: Travis Warner Hirschi – Anna Josefin Palm 2015 https://authorajpalm.files.wordpress.com/2015/06/travis_hirschi_general_theory_of_crime__social_bond_theory.jpg

Bild 8: Colourbox, Nr. 5803611 – Breaking News (https://www.colourbox.de/bild/demonstration-protest-pandemie-bild-48299536)

Bild 9: Colourbox, Nr. 8118385 – Labeling Approach (https://www.colourbox.de/bild/sie-sind-hinter-meinem-rucken-reden-bild-8118385)

Bild 10: Howard Saul Becker – Thierry Caro (Eigenes Werk, CC BY-SA 3.0), lizensiert als Creative Commons (https://commons.wikimedia.org/w/index.php?curid=22562108); https://upload.wikimedia.org/wikipedia/commons/6/69/Howard-S.-Becker-EHESS.JPG

Bild 11: Gary Stanley Becker – MAR (public domain; https://commons.wikimedia.org/wiki/File:GaryBecker-May24-2008.jpg); https://upload.wikimedia.org/wikipedia/commons/3/3f/GaryBecker-May24-2008.jpg

7.3 Personenregister

7.4 Sachregister